〔清〕趙之謙 著

趙之謙補寰宇訪碑錄

浙江人民美術出版社

補寰宇訪碑錄卷一

會稽趙之謙纂集
松江沈樹鏞覆審

無年月古碑

紅崖古字　貴州永寧

是刻俗傳為漢[illegible][illegible]諸葛亮誓苗碑新化鄒叔勣釋爲殷高宗伐鬼方刻石獨山莫子偲辨爲三危禹蹟余借潘伯寅光祿藏原拓本及陽湖呂氏縮本暨中[illegible]本詳校次弟既紊且其點畫文義莫能分析比擬疑是苗民古書代遠失傳夏后殷周未容肊斷始從闕焉列之首簡猶前錄載岣嶁石鼓例也

錦山摩崖　高麗慶尚道
字難識朝鮮人傳為秦徐福題名或釋為
殷箕子書上丁其子作洪範七字按是刻
荒怪不類文字疑石裂成之
按汲府雷玄篆所一字峯[illegible]斜出屈曲畫五尺太　附析　條
斷而手識者皆是石裂文附記

秦

佐弋瓦文
篆書　據秦平陀少府屬佐弋瑪瓦　浙江海寧
與山東劉方伯藏全瓦文同　瓦　蔣氏家藏

衛字瓦范
篆書陰文　江蘇上海趙氏家藏
[illegible]
且是平模鑄金之用范與壓埴造瓦蕉者殊今據通俗文
規模為范範書亦范

漢

羣臣上壽刻石篆書

趙廿二年八月丙寅大興劉位坦攷為西漢文帝後元六年碑側有□□判官郁久閭明達題名乃北魏■書之謙按此漢祖和疑為石趙者非人

直隸永年

君子館專文[illegible]

直隸南甯

建元專文篆書

建元二年

江南松江沈氏拓本

元鼎專文篆書

元鼎建元

浙江會稽趙氏拓本

甘泉山元鳳刻石殘字大篆書

大興翁方綱攷為昭宣之間同治二年之謙從大興劉氏藏精拓本審定橫石上元鳳兩字詳雙鉤漢刻十種

鳥文齋

江蘇江都

巴州民楊量買山記 八分書 地節二年□月石近歸平湖吳玉井家 四川巴縣

五鳳專文 篆書 五鳳二年十月廿二日 浙江海寧

甘露專文 八分書 甘露二年 江蘇松江沈氏拓本

上虞王元方專文 八分書 黃龍元年八月十五日 浙江山陰沈氏家藏

永始殘瓦 篆書 永始四年 湖南長沙

萊子侯刻石 八分書 始建國天鳳三年二月嘉定瞿中溶釋為萊子侯封冢記 山東鄒縣

建武專文　八分書　建武元年　江蘇松江沈氏拓本

建武殘玉刻字　八分書　建武三年　江蘇江都汪氏家藏

侍御史李業闕　八分書　東漢初●　四川梓潼

三老諱字忌日記　八分書　無年月　以記中忌日皆在建武年坿於末　浙江餘姚

戚伯著碑　八分書　無年月　此碑僅傳雙鉤本近且不可得矣因補此存其遺　山西太谷溫氏摹本

大吉買山地記　八分書　建初六年　浙江會稽

南武陽平邑皇聖卿闕畫像題字　八分書　元和三年八月

山東沂州

南武陽功曹鄉嗇夫鄉文學掾平邑君郎闕畫像題字 八分書 章和元年二月十六日 山東沂州

永元食堂記 八分書 永元八年二月十日 山東魚臺

永初專文 八分書 永初元年三口 直隸大興劉氏拓本

嵩山少室闕下伊字 篆書 嘉慶九年錢塘黃易訪得在敢林一行下隔二層石四傍皆無字蹟 河南登封

孝堂山食堂畫像題字 八分書 永建五年 山東濟甯

沙南侯碑 八分書 永和五年六月十五日甲辰 新疆宜禾

壽貴里文叔陽食堂畫像題字 八分書 建康元年八月十九日丁未 山東魚臺

三公山神碑 八分書 □初元年二月八日海豐吳式芬攷為本初元年 直隸元氏

三公山神碑陰 八分書 直隸元氏

上余專文 八分書 建和元年五月 安徽桐城吳氏家藏

右扶風丞李禹表 八分書 永壽元年 陝西褒城

延熹專文 八分書 延熹二年 江蘇松江沈氏拓本

封龍山頌 八分書 延熹七年 直隸元氏

沛相楊統碑 八分書 石久毀世亦無傳本此據金石粹編所錄宋拓四楊碑補目近聞楊著楊震兩碑尚存□東陳介祺家 濰縣 江蘇青浦王氏藏本

高陽令楊著碑 八分書 建甯元年 江蘇青浦王氏藏本

沇州刺史楊叔恭殘碑 八分書 建甯四年七月六日甲子 山東鉅野

楊叔恭殘碑陰 八分書 山東鉅野

楊叔恭殘碑側 八分書 山東鉅野

太尉楊震碑 八分書 江蘇青浦王氏藏本

東海廟殘碑 八分書 熹平元年 石在海州久佚 江蘇長洲顧氏重刻

東海廟殘碑陰 八分書 江蘇長洲顧氏重刻

繁陽令楊君碑 八分書 熹平二年三月 江蘇青浦王氏藏本

建安殘 八分書 建安三年此疑偽作 直隸大興劉氏拓本

吹角壩摩崖 八分書 建安六年二月丁丑朔廿二日石歸為導 義鄭珍所[illegible]辨為建安七年盧豐碑今審拓本[illegible]條斷闕[illegible]碑首明是六年次行有嚴季男名六行有以宍致祀字必非盧碑仍依王象之輿地碑目書此 四川綦江

益州太守高頤碑 八分書 建安十四年 四川雅安

益州太守武陰令上計史舉孝廉諸部從事高頤東闕 八分書 無年月 四川雅安

益州太守陰平都尉武陽令北平丞舉孝廉高頤西闕 八分書 無年月 四川雅安

建安瓦 八分書 建安十五□ 浙江平湖朱氏家藏

破張郃銘 八分書 事在建安二十年之謙按銘文字皆失古法疑係偽作 四川渠縣

謁者北屯司馬沈君神道右闕 八分書 無年月 四川渠縣

新豐令交阯都尉沈君神道左闕 八分書 無年月 四川渠縣

尚書侍郎河南京令豫州幽州刺史馮煥神道闕 八分書 無年月 四川渠縣

益州牧楊宗墓闕 八分書 無年月 四川夾江

李君石闕殘字 八分書 無年月 仁和徐楙疑爲李鰲石刻 江蘇吳江王氏藏本

中年魯君魏公闕 八分書 無年月 湖北漢陽葉氏藏本

石廬邨石刻 八分書 無年月 山東鄒縣

四老神坐神祚机題字 八分書 無年月 江蘇吳江楊氏藏本

唐州殘碑 八分書 無年月 碑五行有韓者一字 山東濟南

雒陽長史殘石 八分書 無年月疑非漢刻　浙江仁和韓氏拓本

司徒殘碑 八分書 無年月疑非漢刻　直隸大興翁氏摹本

張君碑額 篆書 無年月　江蘇吳江王氏藏本

司農公碑額 篆書 無年月　湖北漢陽葉氏藏本

漢并天下瓦 篆書　直隸大興劉氏家藏

丰字瓦 篆書 文作丰與原書所載料字瓦異　直隸大興劉氏家藏

鼎胡延壽宮瓦 篆書　直隸大興劉氏家藏

千秋長安瓦 篆書　浙江海甯許氏家藏

駘湯萬年瓦 篆書　浙江海甯許氏家藏

甲華宮專 篆書　直隸大興劉氏家藏

鈞弋祠專文 八分書以下皆無年月 一宜字劉[illegible]銓福得于祠址 直隸大興劉氏家藏

吉祥專文一 八分書[illegible] 千石公侯壽貴六字 浙江會稽趙氏拓本

吉祥專文二 篆書 位至公輔 浙江會稽趙氏拓本

吉祥專文三 八分書 功曹傳送下出銀艾 浙江會稽趙氏拓本

吉祥專文四 八分書 傳送下出富貴 浙江會稽趙氏拓本

吉祥專文五 篆書 萬歲不敗 浙江會稽趙氏拓本

吉祥專文六 篆書 萬歲萬歲永藏永藏 浙江會稽趙氏拓本

吉祥專文七 八分書 長樂 浙江會稽趙氏拓本

吉祥專文八 篆書 既壽考宜孫子六字之謙所得吉祥專文凡三十三種已燬於賊茲以所記無誤者錄八種 浙江會稽趙氏拓本

舞陽專文一　八分書　萬歲二字左行反文　直隸大興劉氏拓本

舞陽專文二　八分書　畫霞屋形中萬歲二小字　直隸大興劉氏拓本

舞陽專文三　八分書　平昌　直隸大興劉氏拓本

舞陽專文四　八分書　大吉　直隸大興劉氏拓本

舞陽專文五　八分書　畫雲雷文中一富字　直隸大興劉氏拓本

舞陽專文六　八分書　畫一人乘車前行二人乘馬在後左千秋萬世四字[illegible]以上六專皆出河南舞陽故縣之　直隸大興劉氏拓本

尚方鏡范　篆書陰文　嘉慶壬戌長安人掘地得之　山西安邑宋氏家藏

五銖泉土范　篆書陽文　浙江海甯蔣氏家藏

代郡太守章范　篆書陽文　廣東南海吳氏家藏

剛瓶右尉印范　篆書陽文　浙江仁和龔氏家藏

雒左尉印范　篆書陽文　浙江仁和龔氏家藏

嚴道橘丞印范　篆書陽文　浙江仁和龔氏家藏

嚴道橘園印范　篆書陽文　浙江仁和龔氏家藏

牛鞞長印范　篆書陽文　之譌按印范[illegible][illegible]為[illegible]自來金石家未所載道光初蜀中出土凡百餘枚劉方伯喜海亦有藏者茲據所見錄入此外蔣氏尚有弩范無字劉方伯家金吾范上有尹字係僞作均不錄　浙江仁和龔氏家藏

千秋萬歲長樂未央鹿專文　篆書　安徽歙縣項氏家藏

未央鹿專文 樹鏞篆書 按鹿專或攷為覲禮方明之遺 徐氏家藏 浙江仁和

西藏山花像 八分長二分 道光廿九年生

向楊柳畫像 八分寸 今歸顧氏藝圃

蜀漢

丞相諸葛武侯廟石琴題字 分書 章武元年 按此與恭川李崧殘字一類疑僞

廣東南海吳氏拓本

汲文齋

魏

孫二娘等題名 八分書 黃初元年三月十九日 江蘇吳江王氏藏本

王五娘等題名 八分書 黃初元年三月廿六日按以上兩刻皆疑僞作 江蘇吳江王氏藏本

黃初專文 八分書 黃初二年四月一日 直隸大興劉氏拓本

大將軍曹真殘碑 八分書 大興徐松攷爲太和間 陝西長安

曹真殘碑陰 八分書 陝西長安

濟陰陳祚冢中記 八分書 青龍二年 河南許州

後殿虎賁第口梁國張興口冢中記 八分書 二年六月廿一

日　河南許州

武勇掾樂安肥範冢中記 八分書 二年八月九日　河南許州

高陽北新城郃巨冢中記 八分書 八月三日以上一時稀刻　河南許州

専上道光廿六年穿井得之蓋造冢時記
亡年者與三老忌日記相似[illegible]

[illegible]魏昕一専

近藏大興劉銓福家　河南許州

吳

赤烏專文 八分書 赤烏二年三月 浙江會稽 江蘇松江沈氏拓本

赤烏專文 八分書 赤烏六年

蕭二將祠堂記 正書 太元元年濮陽興立按此乃僞作

太平專文 八分書 太平元年 浙江上虞 浙江山陰沈氏家藏

鳳凰專文 八分書 鳳皇三年 直隸大興劉氏家藏

天紀專文 八分書 天紀二年 浙江會稽趙氏家藏

[illegible]

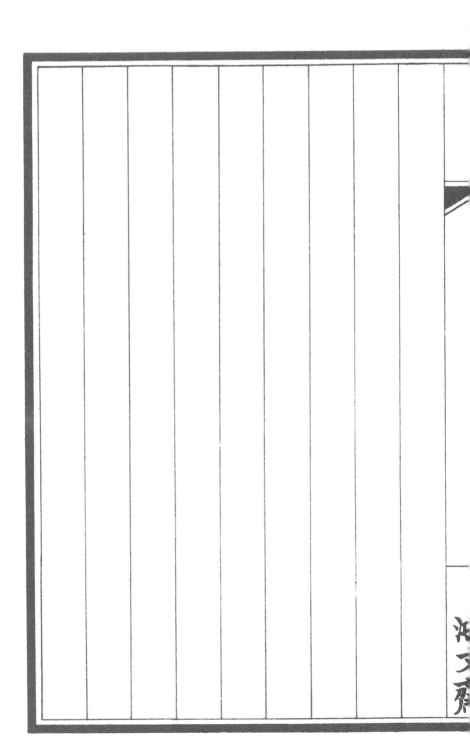

晉

明威將軍郛休碑 八分書 泰始六年二月

郛休碑陰 八分書

陳黑專文 篆書 泰始十年 浙江山陰沈氏家藏

咸甯專文 八分書 咸甯四年 山東黃縣

上元王專文 八分書 太康元年 江蘇松江沈氏拓本

番公行專文 八分書 太康元年 江蘇松江沈氏拓本

太康專文 篆書 太康元口道光庚戌得于梅山 浙江會稽趙氏家藏

蜀師專文 八分書 太康三年七月廿日 江蘇松江沈氏拓本

蜀師專文 八分書 無年月　江蘇儀徵阮氏家藏

山陰專文三種 八分書 一太康四年癸卯一四年八月一五年七月五日　江蘇陽湖呂氏家藏

張異專文 八分書 太康七年　江蘇陽湖呂氏家藏

葛作專文 八分書 太康七八年桉紀年連書北齊馮暉賓造象有之此更在前　江蘇陽湖呂氏家藏

高平檀君專文 八分書 太康八年二月七日　山東

馮臯麋專文 八分書 太康□年　山東

褚孝漢專文 八分書 太康八年　山東

太歲在申專文 八分書 太康九年二月十七日 江蘇陽湖呂氏家藏

鳳作專文 八分書 太康九年七月五日 江蘇陽湖呂氏家藏

鳳形專文 八分書 太康九年八月十日 江蘇陽湖呂氏家藏

湯氏葬專文 八分書 太康九年八月 直隸大興劉氏拓本

鮑宅山鳳凰畫像題名 八分書 凡三石 元康三月七日 山東沂州

談孝廉專文 八分書 元康元年 江蘇陽湖呂氏家藏

元康專文 八分書 元康二年十二月 江蘇陽湖呂氏家藏

逢將軍專文 八分書 元康口口九月 山東

其年逢辰專文 八分書 元康六年六月卅日 安徽桐城吳氏家藏

此冊去

傳家專文 八分書 元康八年戊午八月十日　安徽桐城 吳氏拓本

黄平專文 八分書 元康八年　江蘇陽湖 呂氏家藏

永甯專文 八分書 永甯元年　江蘇陽湖 呂氏家藏

永甯專文 八分書 永甯元年六月　江蘇陽湖 呂氏家藏

膠東令王君專文 八分書 永嘉二年八月　山東

[redacted]殘字 八分書 永嘉四年五月七日　浙江嘉興 張氏藏本

謙按刻文曰居左虎將土
今在見華山碑陰或亦在

子孫百年專文 八分書 永嘉六年　江蘇松江 沈氏拓本

子孫君侯專文 八分書 永嘉七年　江蘇松江 沈氏拓本

永嘉專文　八分書　永嘉八年　江蘇松江沈氏拓本

盧怨專文　八分書　建興二年十月　江蘇陽湖呂氏家藏

建興專文　八分書　建興　江蘇陽湖呂氏家藏

皆封侯位專文　八分書　建興二年甲戌　江蘇松江沈氏拓本

鄧周行思專文　八分書　建興四年八月　浙江甯波

徐氏專文　八分書　建興六年六月廿三日之諫按建興無六年[illegible]當是東晉初南中未知改元時作　浙江甯波

咸和專文　八分書　咸和二年丁亥　江蘇松江沈氏拓本

咸康專文　八分書　咸康三年　江蘇陽湖呂氏家藏

此行須掉轉

咸康專文 八分書 咸康三年八月廿日 江蘇陽湖呂氏家藏

咸康專文 八分書 咸康四年 浙江海甯許氏家藏

咸康專文 八分書 咸康五年 江蘇陽湖呂氏家藏

故民專文 八分書 建元二年七月八日 浙江海鹽朱氏家藏

永和專文 八分書 永和二年 江蘇陽湖呂氏家藏

永和專文 八分書 永和五年 江蘇陽湖呂氏家藏

永和專文 八分書 永和六年 江蘇陽湖呂氏家藏

大吉詳宜子孫專文 八分書 永和五年 江蘇松江沈氏拓本

莫龍編專文 八分書 永和六年庚戌 江蘇陽湖呂氏家藏

晉時年專文 八分書 [illegible]和十一年七月側[illegible]有晉時年字盖剔於漢永和也 江蘇松江沈氏拓本

永和右軍專文 正書 江蘇上元甘氏家藏

廿平專文 八分書 廿平二年 江蘇松江沈氏拓本

潘氏墓專文 八分書 廿平二年 江蘇松江沈氏拓本

廿平專文 八分書 廿平五年七月 江蘇陽湖呂氏家藏

周遲專文 八分書 隆和元年八月十八日 江蘇陽湖呂氏家藏

興甯專文 八分書 興甯二年八月 江蘇陽湖呂氏家藏

黃氏專文 八分書 凡三種 一泰和元年一[illegible]三年戊辰七月一[illegible]

六年辛未　江蘇陽湖呂氏家藏

咸安卅年兩紀年專文八分書　咸安元年側書卅年五年四月口口作一題舊[illegible]模重製[illegible]者得於平水鎮何山　浙江會稽趙氏家藏

錢師專文八分書　一甯康元年一二年甲戌　凡二種　浙江海甯許氏家藏

一尺五寸專文八分書　甯康二年七月　浙江海甯許氏家藏

嚴君墓專文八分書　太元二年　江蘇松江沈氏拓本

太元專文八分書　太元二年　江蘇松江沈氏拓本

太元專文八分書　太元九年　江蘇陽湖呂氏拓本

卜氏槨專文八分書　太元十二年　浙江會稽趙氏拓本

宋

元嘉專[redacted]文 正書 元嘉二年

安徽績溪胡氏家藏

高句驪故城刻字二種 正書 皆己丑年三月廿一日[redacted] 宋[redacted]

元嘉二十六年

高麗平壤

龍驤將軍護鎮蠻校尉寧州刺史邛都縣侯爨龍顏碑 正書 爨道慶文 大明二年[redacted]九月壬子朔

雲南陸涼

爨龍顏碑陰 正書

雲南陸涼

湖文齋

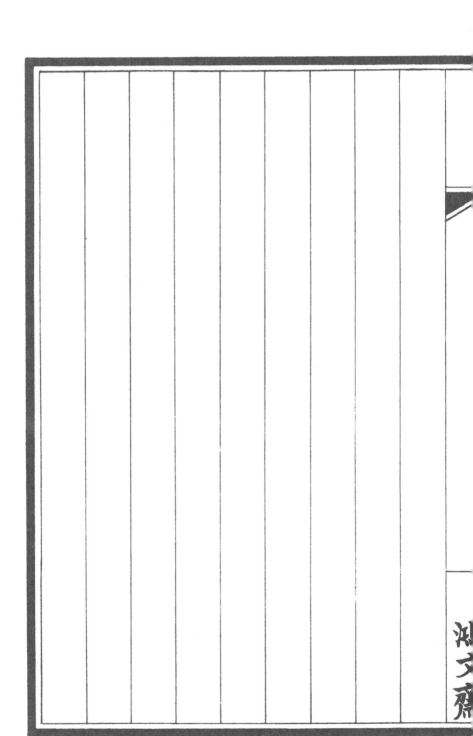

齊

吳郡造維衛尊佛記 正書 永明六年戊辰 浙江會稽

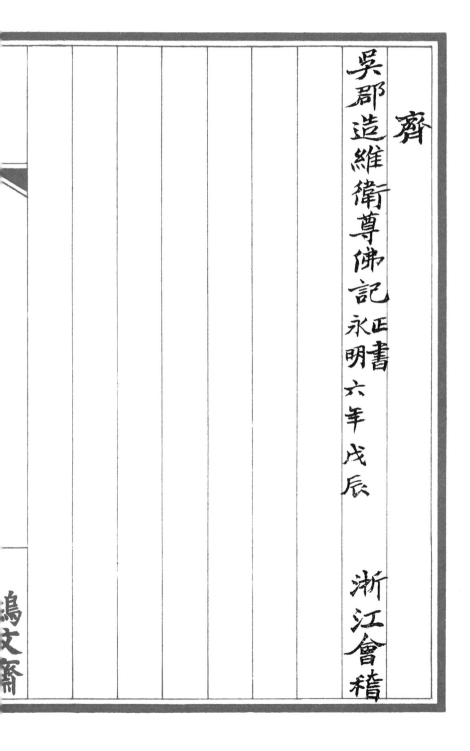

湖文齋

梁

永陽昭王蕭敷墓志 正書 普通元年十一月石在江南上元久佚此初拓孤本 江蘇吳縣潘氏藏本

永陽敬太妃王氏墓志 正書 普通元年十一月 江蘇吳縣潘氏藏本

侍中大將軍臨川靖惠王蕭宏神道二闕 正書 其一左行 按宏卒以普通四年七月贈官謚故列此 江南上元

大同專文 正書 大同九年癸亥 江蘇松江沈氏拓本

大同專文 正書 大同十年 江蘇松江沈氏拓本

補寰宇訪碑録卷二

會稽趙之謙纂集
松江沈樹鏞覆審

後魏

王銀堂造象碑 正書 三年丙午四月十五日池州胡式訓攷為道武帝天賜三年 河南

造象碑陰 正書 河南

造象碑兩側 正書 河南

羣伏龍造象 正書 延和元年六月疑僞 直隸正定

□□□造象 正書 延和二年 舊藏姚總憲元之家 山西太谷溫氏拓本

西王美好造象 正書 太和二年 安徽池州胡氏拓本

張賣造象 正書 太和二年 安徽池州胡氏拓本

司空公長樂王邱穆陵亮夫人尉遲為牛橛造象 正書 太和十九年十一月 之謙按邱穆亮陵見孝文弔比干文碑陰彼書穆作目金石錄据以疑魏書官氏志元和姓纂之誤今此正作穆前書目字或取音借非誤 河南

步輦郎張元祖造象 正書 太和廿年

鄭長猷造象 八分書 景明二年

郡龍姬造象 正書 無年月 坿鄭長猷上列

宫内作大監嘗法端生資造象　正書　正始三年三月十九日

按以生時資爲亡者造象僅見此種

比邱法轉造象　正書　正始四年六月

張口奴樊文保等造象　正書　正始五年六月廿四日　浙江仁和魏氏藏本

清州口泉寺造象　正書　永平元年

口慶造象　正書　永平二年

比邱法行造象　正書　永平五年　河南洛陽

鄭羲石象　無年月在鄭羲碑側　象左右有宋人題名　山東掖縣

鄭道昭中明壇題字　正書　無年月　山東掖縣

鄭道昭詠飛仙室詩 正書 無年月 山東掖縣

鄭道昭大基山題字四種 正書 無年月 一歲在壬辰建一其居所號白雲鄉青煙里也一安期子駕龍栖蓬萊之山一王子晉駕鳳栖太室之山 在山左金石志所載九種之外 原書失訪 山東掖縣

法興造象 正書 延昌二年 蘇青浦王氏拓本

清信女尹靜妙造象記 正書 延昌四年八月辛未朔廿九日 廣東南海吳氏藏本

梁鑒碑 正書 延昌四年

孫永安造象 正書 熙平元年十月十五日 河南

張□安造象 正書 神龜二年四月廿五日 河南

女膚斯姜造象 正書 神龜二年七月七日 河南洛陽

比邱尼慈香慧政造象記 正書 神龜三年三月廿日 河南

維那主蓧張碩等碑陰題名 正書 正光三年正月廿六日 山西太谷温氏拓本

鎮遠將軍後軍將軍鄭道忠墓志 正書 正光三年十二月乙未朔廿六日甲申 河南洛陽

馬鳴寺根法師碑 正書 正光四年二月三日

驡驤將軍懿侯高貞碑 正書 正光四年十一月六日

山東德州

魏始歡等造象 正書 正光五年六月

李口達造象 正書 正光口年

太和寺趙清女造象 正書 正光口年

高黎墓志 正書 孝昌二年正月十三日

黃石崖法義卅五人造象 正書 孝昌二年九月八日

山東歷城

比邱明勝造象 正書 孝昌三年五月

張神龍等百餘人造象 正書 孝昌三年七月十日

黃石崖法義百餘人造象 正書 孝昌三年七月十日

山東歷城

咸陽太守劉玉墓志 正書 孝昌三年十一月廿四日

江蘇松江沈氏拓本

比邱道林造象 正書 孝昌三年

王僧歡造象 正書 建義元年五月四日

山東歷城

李興造象 正書 建義元年七月十五日

史同百餘人造象造經記 正書 永安二年六月

鴻文齋

張神速造象 正書 永安三年 山東臨淄

法雲等造象 正書 普泰元年

南陽張元墓志 正書 普泰元年十月一日 湖南道州何氏藏本

好服造象 正書 永熙二年七月

法義廿餘人造象 正書 永熙二年八月廿日

姜口達丁大孃造象 正書 隆緒二年正月廿八日之譌按隆緒為蕭寶寅僭號當孝昌三年 浙江會稽趙氏拓本

西魏

車枕洛等造四面(佛)像 正書 大統元年四月 陝西

李顏欄造象碑 正書 大統二年十月

造象碑陰 正書

造象碑兩側

侯逸造石像世區記 正書 大統十年二月八日 山東諸城 劉氏拓本

侯子口等造象 正書 大統十五年七月十日 山東諸城 劉氏拓本

始平縣(伯)造象記 正書 大統十七年 山東諸城

東魏

張白奴造象 正書 天平二年

驃騎將軍滄州刺史王僧墓志 正書 天平三年三月十三日 直隸南皮

張僧安造象 正書 天平四年

杜收虎造象 正書 元象元年六月卅日 浙江仁和韓氏家藏

劉壽君造象 正書 元象元年十二月廿一日 直隸正定

凝禪寺三級浮圖碑頌 正書 元象二年二月己未朔□五日己酉 直隸元氏

三級浮圖碑陰 正書 直隸元氏

三級浮圖碑兩側 正書 直隸元氏

伏波將軍姚敬遵造象 正書 元象二年三月廿三日 山東歷城

程榮造象記 正書 興和二年 今歸嘉興沈氏 直隸長垣

太尉公劉懿墓志 正書 興和二年正月廿四日 河南安陽

清信女趙勝習作二人造象 正書 興和二年九月十七日 向來著錄家作習牛或作習生或作趙勝習皆誤今正 山東歷城

僧道山造象 正書 興和三年四月十五日 直隸正定

掉轉

趙郡太守殘造象 正書 興和三年六月

造像殘記 正書 興和四年四月八日 直隸正定

劉目連夫妻造象 正書 興和五年正月二日 江蘇松江沈氏杯本

邑義九十八人造象 正書 武定元年 河南河內

王僧敬造象 正書 武定二年十二月

王氏女張恭敬造象 正書 武定三年九月三日 直隸正定

僧熾僧惠等造象 正書 武定三年七月十五日

劉明感造象 正書 武定三年 浙江海甯

比丘尼惠趍造玉像記 正書 武定四年二月八日 浙江海甯

邑義道俗造象治路碑　正書　武定七年四月八日

冀州刺史關勝誦德碑　正書　武定八年二月四日于司直天下　直隸涿州

金石志收入山西太原嘉定錢[illegible][illegible]氏藏一本瞿中溶釋[illegible]文見古泉山館集　李氏藏本

嚴雙珍尹文和造象　正書　無年月　此北魏人書茲統附東魏末　河南

法勝造像　正書　無年月　河南

張貴興及都唯那尼道等造石龕記　正書　無年月在趙　桃[illegible]耕妻造像上列[illegible]原書失載　河南洛陽

傅蠻造像題名　正書　無年月　河南洛陽

彈官劉阿歡等造像 正書 無年月 河南洛陽

邑子劉神蔭造象 正書 無年月 河南洛陽

龍門山畫象 無題字 一人執戈立旁□禽馬形 河南洛陽

蘇暈夫妻造象銘 正書 無年月

任寄生造象 正書 無年月

比邱仁義等造象 正書 庚辰疑景明元年

陽信縣令元口造象 正書 無年月

道安法造象 正書 無年月

周氏造象 正書 無年月

大涅槃經偈　正書　無年月　山東歷城

吳文祥造象　正書　無年月

平乾虎造象　正書　無年月

拾東魏殘

王賓殘造象 無年月 正書 河南洛陽

田果造象 無年月 正書 ○○○○

比邱道匠造象 無年月 正書 ○○○○

今遊祖造象二種 無年月 正書 ○○○○

朱顯造象 無年月 正書 ○○○○

盪寇將軍南口造 正書 口口元年十二月戊戌 ○○○○

普光師造象 無年月 正書 ○○○○

劉僧濟造象 無年月 正書 ○○○○

爲苦惱衆生殘造象 無年月 正書 ○○○○

王与[illegible]造象 正書

以下皆照寫河南洛陽四字

分函路

仇[illegible]扈[illegible]造象 無年月

[illegible]造象 正書 無年月

李伏造象 正書 無年月

[illegible]知道造象 正書 無年月

王惠忩妻蔡造象 正書 無年月

洛州陳泰初等造象 正書 年月泐存庚辰癸酉朔日丁丑字

海文齋

北齊

張龍伯造象 正書 天保元年十月八日

王口口造象 正書 天保二年九月壬申朔 山東蘭山

王媚暉造象 正書 天保二年九月廿三日

韓世榮造象 正書 天保三年五月五日 浙江仁和韓氏家藏

開府參軍崔頠墓志 正書 天保四年正月六日 直隸清河

朱氏女姜瑞雲造象 正書 天保四年

平西將軍金門太子桒買造玉佛記 正書 天保五年正月十五日 今歸馮氏 河南洛陽

伯辟寺尼惠量造象記 正書 天保五年正月二十九日 直隸正定

張天恩造象 正書 天保五年十二月廿一日

江阿歡造象 正書 天保六年 山西陽曲

比邱法弘廿五人等造象 正書 天保七年五月乙亥朔十五日己丑

陶長貴造象 正書 天保七年 山東益都

殘造像 正書 天保七年 山西太谷温氏拓本

趙郡王高叡造无量壽佛象 正書 天保七年閏月癸巳朔十

五日丁亥按是年閏八月爲癸酉朔無癸巳朔三象皆誤　直隸靈壽

高叡造釋迦像　正書　天保七年閏月十五日　直隸靈壽

高叡造阿閦象　正書　天保七年閏月十五日阿閦●佛名●見法華明度無極兩經造象中僅見　直隸靈壽

定國寺慧照爲趙郡王修寺頌記　正書　天保八年四月八日　直隸靈壽

闕名殘象　正書　天保八年十一月十一日　山東

趙郡王常侍房紹興造象　正書　天保十年四月八日　直隸靈壽

僧道潤等造象 正書 天保十年 廣東南海吳氏拓本

劉先王造弥勒下生象殘記 正書 年月泐 嘉興沈濤攷為趙郡府僚作 直隸靈壽

高陽康穆王高湜墓志 八分書 乾明元年四月十六日石在河陽久佚此宋拓本 江蘇嘉定瞿氏藏本

比丘僧邑義口口造象殘碑 正書 乾明元年七月十五日石近藏伏氏 山東蘭山

靈泉寺經幢 正書 乾明元年 河南安陽

華嚴經偈讚 八分書 乾明元年 河南安陽

道顯造釋迦象碑 正書 皇建元年十月 河南

成貴珍造石浮圖記 正書 皇建二年正月廿九日 直隸正定

雲門寺法懃禪師塔銘 正書 太甯二年正月五日 山東益都

龍道果造象記 正書 太甯二年 山東益都

朱口等造彌勒象碑 正書 河清二年三月

嚴口順造象 正書 天統元年五月十五日

郗氏子為父母造象 正書 天統二年二月十九日 此像字半磨滅僅年月及姓可辨 浙江會稽趙氏拓本

劉玉輝造象 正書 天統二年五月

棹特寫

旿世八等造象殘碑 正書 天統五年四月十五日 山東蘭山

造象殘碑陰 正書 山東蘭山

㑆赤齊等造象碑 正書 天統五年九月十四日 山東蘭山

造象碑兩側 正書 山東蘭山

范陽義坊公頌石幢 正書 天統十年 直隸良鄉

殘造象 正書 武平元年四月 浙江會稽趙氏拓本

永顯寺法師道端造象 正書 武平二年七月

河東郭阿九造象 正書 武平二年四月八日

分兩行

僧練造象 正書 武平二年 山東益都

興聖寺都維那王子口道俗邑義卅人造四面像碑 正書 武平三年三月十八日 山東費縣

晉昌郡開國公 唐邕寫經碑 正書 武平三年五月廿八日 安徽池州 胡氏拓本

殘造象 正書 武平三口口口口巳朔月四口 浙江會稽 趙氏拓本

尼法行等造象 正書 武平四年五月十七日 直隸曲陽

蘭陵武王高長恭殘碑 八分書 年月闕 係從翦禫本雙鉤 江蘇松江沈氏藏本

先後失序史稱長恭文襄四[redacted]子碑作三子其敘官及封爵皆未盡合長恭卒以武平四年故列此

功曹李琮墓志 正書 武平五年正月十二日 直隸元氏

單舍合邑廿二人造象 正書 武平六年三月 河南洛陽

北徐州興福寺造象碑 正書 無年月泐 山東蘭山

造象碑陰 正書 山東蘭山

造象碑[illegible]兩側 正書 山東蘭山

常岳等邑義百餘人造象 正書 無年月 山東蘭山

清河張老□河間尹道賢等造四面像碑 正書 無年月 山東蘭山

造象碑右側 正書 右側及陰陷土中 山東蘭山

北門護城隄上呂世搏等造象殘石 正書 無年月 山東蘭山

昭忠祠趙僧池武洪妃造象殘石 正書 無年月 山東蘭山

白衣庵度碑齋主口明主殘造象二石 正書 無年月 以上 山東蘭山

凡出沂州諸皆日照許瀚近訪得者

楊懷璨造象碑 正書 無年月

造象碑陰 正書

造象碑兩側 正書

寶山寺石洞造象碑 正書 無年月 河南安陽

李寶造象殘石 正書 □年月泐

移此

造釋迦彌勒象殘記 正書 無年月

董方造象 正書 無年月

殘造象 正書 無年月

楊顯造象 正書 無年月

涿鹿寺雷音洞佛經 正書 無年月 按唐元和間劉濟石經記

言洞中石經刻自北齊兹坿齊末 直隸房山

清信女田貽照造象 正書 無年月

王奴女造象 正書 字半磨滅不可辨

智超等造象碑 正書 大□□□□年八月丁卯□□□□丙戌金

右粹編所載止一面坿魏末今諦視首行大下三字似齊河清因坿齊末

造象碑陰

造象碑兩側

[illegible]

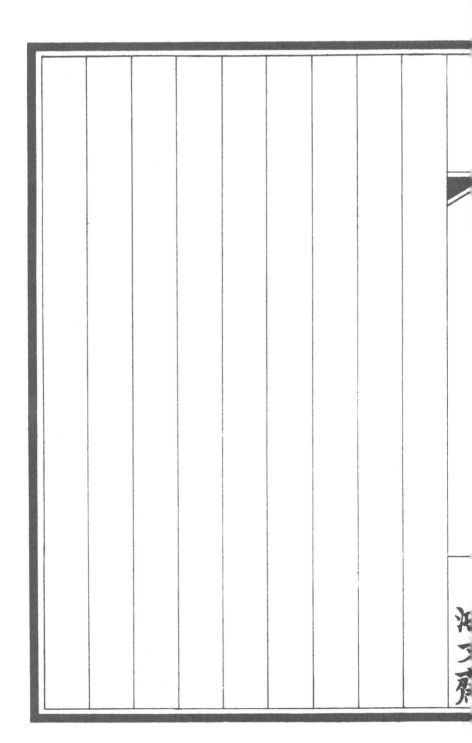

北周

開國伯强獨樂為文皇帝造象碑 正書 元年丁丑按北周明帝以三年始改號武成 四川簡州

何周造釋迦觀世音二象 正書 無年月在碑下列 四川簡州

趙和等造象碑 正書 三年己卯六月丁巳朔十五日辛巳 按三年己卯為北周明帝武成元年當陳武帝永定三年[redacted]改元在八月故不書史於是年陳閏四月五月書丙辰[redacted]朔周閏五月五月[redacted]大建[redacted]閏五月正得丁巳朔此六月朔即閏月朔陳紀閏四月有甲午六月有戊子周紀五月六月皆有戊子推之悉也合朔為丁巳十五日是辛未今書辛巳亦誤 陝西

造象碑陰 正書 陝西

造象碑兩側　正書　陝西

残造象　正書　武成元年十一月六日　陝西

楊曇景造象　正書　保定四年三月十九日　陝西

開府儀同賀屯公墓志　正書　保定四年四月　陝西三水

梁顯菓等造象　正書　保定四年　按菓或葉之別體

李明顯造象　正書　保定五年八月

張興造象　正書　天和元年十一月廿日

處士王通墓志　正書　天和二年　直隸河間

比邱法顯等造象　正書　天和二年十一月十六日　前有許桃攀

劉聰明[illegible]等侍佛象　陝西

薛迴顯造象　正書　天和三年四月八日

高邑侯裴鴻碑　八分書　天和三年　江蘇青浦王氏拓本

劉敬愛造象　正書　天和五年四月十一日　陝西

陳歲造象　正書陽文　天和六年六月丙戌朔　湖北松滋

武容[illegible]造象[illegible]菩薩　正書　建[illegible]元年(壬辰)四月癸酉朔　按象建字僅存其半德字全泐惟元年壬辰字可辨　直隸正定

比邱尼曇樂等造象　正書[illegible]　建德元年四月十五日　石歸揚州阮氏[illegible]置文選樓壁間已燬　陝西長安

邵道生造象 正書 建德元年六月廿日 陝西

開化寺白玉石柱礎題名二種 正書 年月泐 嘉興沈濤攷爲北周時刻 直隸元氏

功曹習口和等四面像碑 正書 無年月 直隸行唐

房姜子道民口殘造象 正書 年月泐

宇文真等造象題名 正書 無年月

尼法恩爲阿闍利攀公和上造象 正書 無年月

永樂縣造象殘字 正書 無年月 直隸滿城

此分兩行寫

隋

累初石塔題名 篆書 王仁[illegible] 開皇二年 江蘇吳江王氏藏本

比邱法口惠感殘造象 正書 開皇三年五月十五日 江蘇青浦王氏拓本

王伏女造象 正書 開皇三年 江蘇青浦王氏拓本

李惠猛妻楊靜太造象 正書 開皇四年八月辛卯朔廿日庚子 山東益都

段元暉造象 正書 開皇四年八月廿二日 陝西

翊軍將軍安口口造象 正書 開皇四年 直隸磁州

夏樹造象 正書 開皇五年七月七日 山東益都

搨寫石交齋

□太造象 正書 開皇五年七月

王子華題名 八分書 開皇七年 山東東平

鄭敬希題名 正書 開皇七年

[redacted]

袁子才造象記 正書 開皇八年四月八日 直隸磁州

麿山王輝兒造象記 正書 開皇八年 直隸磁州

王蘭苑造象 正書 開皇八年八月

兩邮法義廿一八造象殘碑 正書 開皇九年二月 山東蘭山

張暉造象 正書 開皇九年七月廿九日

暉造象 正書凡三石 無年月字蹟相類或是一人所作

造象殘碑 正書 彭道愍文 開皇九年 山東蘭山

寶山寺造諸佛像碑 八分書 開皇九年 河南安陽

曇猷造象 正書 開皇十年

東宮右親衛元仁宗墓志 正書 開皇十年十二月二日
陝西長安

宋叔敬造象 正書 開皇十一年五月廿三日 山東歷城

于志起等題名 正書 開皇十二年 江蘇吳江王氏拓本

魯容女造象 正書 開皇十二年十二月一日 象已斷闕僅

其文存　直隸正定

佛弟子□□□造象記　八分書　開皇十二年　直隸磁州

劉逢容造象碑　正書　開皇十三年三月三日　山東蘭山

造象碑陰　正書　山東蘭山

吳□造象　正書　開皇十三年三月

諸葛子恒造象碑　正書　開皇十三年四月十五日　山東泰安

造象碑陰　正書　山東泰安

羅寶奴造象　正書　開皇十三年五月二日　山東益都

楊小□造石浮圖記　正書　開皇十三年五月廿六日

直隸行唐

惠雲法師買口造象 正書 開皇十四年三月 安徽池州胡氏拓本

僧信行塔銘 正書 開皇十四年 陝西長安

金勝女造象 正書 開皇十五年正月十二日 安徽池州胡氏拓本

維那孟清莘造象 正書 開皇十五年四月八日 山東益都

周右光祿大夫開國男翟華賓墓志 正書 開皇十五年十月廿四日 陝西武功

澧水石橋纍文碑陰 正書 開皇十六年原書失載 直隸南和

李鍾葵妻馬怜造象 正書 開皇十六年四月八日象今歸

諸城劉氏　直隸正定
大將軍昌樂公府司士行參軍張通妻陶貴墓志 正書 開皇
十七年三月廿六日
美人董氏墓志 正書 蜀王楊秀文 開皇十七年十月 名蔵上海徐氏
甲辰朔十二日乙卯　陝西長安
安濟橋下唐山石工李通題名 正書 開皇十□年　直隸趙州
吳敬造象 正書 開皇廿年二月十三日　山東歷城
孫先造象 正書 開皇廿年七月廿五日　山東益都
張峻母桓造象 正書 開皇廿年十月八日　山東益都

密長盛逢盡豎等造橋殘碑 正書 開皇廿年十月 山東蘭山

造橋殘碑陰 正書 山東蘭山

龍山公墓志 正書 開皇廿年十二月丙辰朔四日己□ 志不詳姓氏 但云諱質固始吳実梅玫為藏嘉之子咸豐十年蘭府修城得之城下今移置試院壁間

四川奉節

閼名殘造象 正書 開皇□□年 河南

解肴躬記妻鄧同造象碑 正書 開皇間 山東歷城

臥佛寺碑 正書 開皇□□年 直隸易州

靂山大字佛經 八分書 開皇□□ 後有唐僧永度題名

鳥文齋

直隸磁州

廬山法華經 八分書 開皇□年 直隸磁州

魯司寇鄒國公孔宣文靈廟碑 八分書 仁壽元年四月甲寅 寇文約立 直隸完縣
朔□□日甲子 碑側 有唐人題名

番州弘教寺舍利塔銘 正書 歐陽詢書丹 仁壽元年五月朔 石在廣州 江蘇長洲葉氏藏本
今佚書丹二字始見於此

龍池寺舍利塔記 正書 仁壽元年十月十五日 太谷溫忠善書 直隸大興
爲僞作按隋世舍利塔銘如青州大荔岐山年月皆同此或後人重刻

鳳泉寺舍利塔銘 正書 仁壽元年十月十五日 陜西岐山

鳳泉寺天王象碑 正書 仁壽元年 陝西岐山

范陽郡正陽瑾墓志 正書 仁壽元年十一月廿九日

[redacted] 直隸涿州

王臣昧智泉寺舍利塔碑 正書 仁壽元年 直隸房山

舍利感應王邵碑 正書 仁壽元年 直隸房山

李領万造象 八分書 凡四石 仁壽二年正月十日 陝西

新城井口記 正書 仁壽二年六月廿日 山東

段市惪造象 正 仁壽三年三月七日

安樂鄉彭鍳生等造象 正書 仁壽三年十月十七日

山東蘭山
文皇帝造龍華碑 正書 仁壽三年 陝西
行軍長史劉珍墓志 八分書 大業二年 石藏董氏 直隸獻縣
張貳息君卿為夫高洪恒造雙觀音象 正書 大業四年六月十五日 直隸
和彥造象 正書 大業四年
三洞道士黄法暾造天尊象 正書 大業六年十二月廿八日 四川綿州
治平寺塔盤王以成題字 八分書 大業七年七月二日乙酉塔

甯越郡欽江縣正議大夫甯贙碑　正書　大業七年七月　江蘇長洲

以乾隆癸卯燬於火石無存拓本傳世極少

之謙按此碑文字不古疑偽作
仁和魏錫曾力辨為真

江蘇松江沈氏拓本

遲杼專文　正書　大業九年

西山觀文託生母造天尊象　正書　大業十年正月八日　四川綿州

前進士王甫為女文如百花造蒲薩象　正書　大業十年

三月廿日藏錢塘錢松家松殉難後為賊毀失

之謙按此象記文皆有古法而字體庸劣刀刻拙滯不類六朝人作疑好事者假託也

浙江錢塘

朝請大夫夷陵太守

太僕卿元公墓志 正書 大業十一年八月辛酉朔廿四日甲申 陝西長安

太僕卿夫人姬氏墓志 正書 大業十一年八月廿四日丙 陝西長安

一志文字皆工 安吳包世臣定為歐陽詢書

左禦衛府長史宋永貴墓志 正書 大業十二年十一月癸丑朔廿一日癸酉 陝西長安

車侍等造象 正書 大業十二年 江蘇吳江王氏柘本

石經山般若經碑 正書 僧靜琬 大業十二年 直隸房山

小西天洞藏舍利石函記 僧靜琬正書 大業十二年 直隸房山

崇因寺造彌勒大象記 八分書 年月泐 有開皇二載字 直隸正定
疑即寶刻叢編所錄之正解寺碑

碑陰僧洪昇等造象題名 八分書題名正書 年月泐 直隸正定

順昌令李慶落造象 正書 無年月 山東東平

張遂造藥王藥上菩薩象 正書 無年月

男口造像 正書 無年月

宋元長妻造象 正書 無年月

鎮西大将軍造象 正書 無年月 山東

禹城王貴造象 正書 無年月 山東德州

邑子劉口造釋迦四龕記 正書 無年月 有仰為大隋皇字 山東

佛座殘字 正書 無年月 陝西

長安寶慶寺瓦[illegible] 篆書 陝西咸甯

十二字瓦[illegible] 篆書 瓦[illegible]徑七寸文曰五嶽朝宗四方來同天子萬年 字拙薄不類漢製當是六朝人製姑附隋末 直隸大興劉氏拓本

沈毓清校字

崔氏女張華造象 天保二年三月 葉東卿物

東

法如禪師墓志 正書 永昌元年 河南登封

陀羅尼經幢 正書 永昌元年八月 浙江烏程

張元弼墓志 正書子東之述李行廉銘 永昌三年九月 湖北襄陽

劉大𢍰妻姚造象 正書 載初元年六月三日 湖北襄陽

（㝝[illegible]）張景之墓志 正書 天授三年正月 湖北襄陽

龍門山陀羅尼經 正書 如意元年四月 經已劃盡刻伊闕二字 河南洛陽

~~隆唐觀造元始天尊~~ 原書失考年月 兹補重録之

隆唐觀造元始天尊象記 正書 長壽二年十月十五日 河南洛陽

處士程元景墓志 正書 長壽三年正月廿二日 陝西長安

焦知慶供佛記 正書 萬歲通天二年 山西鳳臺

安陽縣田口造象 正書 聖歷元年 直隸磁州

邱道安造象 正書 聖歷元年 直隸磁州

比邱二娘造象 正書 聖歷元年 直隸磁州

令狐勝造象 正書 聖歷元年 直隸磁州

龍龕道場銘 正書陳集原文 聖歷二年正月 廣東羅定

宏安造象 正書 聖歷二年 直隸磁州

袁氏墓碣 正書 聖歷三年十月四日 陝西長安

三行移上

王大貞造象	正書	聖歷二年	直隸磁州
高沖子造象	正書	聖歷二年	直隸磁州
董智力造象	正書	聖歷二年	直隸磁州
薛剛墓志	正書 冊元一文	久視元年五月	陝西長安
馮慶墓志	正書	久視元年	直隸冀州
石堂山高涼靈泉記	正書	久視元年十一月三日	四川綿州
心經	正書 僧有晦立	大足口年	直隸大興
趙守訥造象	正書	大足元年	直隸磁州
趙思現造象	正書	大足元年	直隸磁州

口海造象 正書 大足元年 直隸磁州

本願寺尊勝經心經幢 正書 長安二年 直隸獲鹿

王美暢妻長孫氏墓志 正書 長安三年 河南洛陽

涇陽縣口口造象 正書 長安二年 直隸磁州

前成均造象 正書 長安二年 直隸磁州

殘造象 正書 長安二年 直隸磁州

元恭毋造象 正書 長安三年 直隸磁州

郭方固造象 正書 長安三年 直隸磁州

居士蘆洲巢縣令息尚真墓志 正書 長安三年 陝西鄠縣

裴琳德政記 正書 長安三年 在本願寺經幢第三面 直隸獲鹿

直隸獲鹿

裴挺之妻鄭氏墓志　正書　長安四年　河南洛陽

趙祖福造象　正書　神龍元年　直隸磁州

内玉師道造象　正書　神龍元年　直隸磁州

弟子妻燕造象　正書　神龍元年　直隸磁州

弟子妻□造象　正書　神龍元年　直隸磁州

戒娘[illegible]造象　正書　神龍元年　直隸磁州

李敬忠造象　正書　神龍元年　直隸磁州

本願寺陀羅尼經幢　正書　神龍□年　直隸獲鹿

思敬忠造象　正書　神龍二年　直隸磁州

媯州

蕭為男和晦造象 正書 神龍二年 直隸磁州

翟修意造象 正書 神龍二年 直隸磁州

楊氏合葬殘碑 正書 景龍三年七月 陝西長安

梁嘉運墓志 正書 景龍三年十月 湖北襄陽

秦州都督府口顏瑶墓志 正書 景龍四年四月 陝西咸甯

參軍趙踐冰墓志 正書 景雲二年正月口一日 直隸晉州

陸元感墓志 正書 景雲二年 江蘇崑山

僧九定造浮圖記 正書 景雲二年 山東滋陽

但大娘造象 正書 景雲二年 直隸磁州

吳四妹造象 正書 景雲二年 直隸磁州

日本國片罡綠野甘良三郡題名殘碑 正書 和銅四年三月九日甲寅孜為景雲二年辛亥舊題多胡郡碑傳為日本人平鮮得之土中後藏朝鮮成氏字雄偉類瘞鶴銘 湖北漢陽葉氏摹本

弟子口法造象 正書 太極元年 直隸磁州

殘造象 正書 先天元年 直隸磁州

慕容元等造象 正書 先天二年 直隸定州

郭正禮等造象 正書 先天二年 直隸定州

李石頭妻造彌陀象記 正書 先天二年八月廿八日

直隸元氏

少林寺戒壇銘 李邕書 僧義淨文 開元三年正月 河南登封

大理寺卿崔昇妻滎陽縣君鄭氏墓志 姪璆書 馬懷素文 開元三年十月廿五日 直隸正定

開元專文 正書 開元三年 江蘇松江沈氏拓本

修定寺碑 正書 開元三年 河南安陽

邱悅弥陀像贊 正書 開元三年 河南洛陽

孟友直女墓志 正書 開元四年

殘造象 正書 開元四年 直隸磁州

僧永度題名 正書 開元五年 在隋刻石經後　直隸磁州

薛宏道造象 正書 開元五年　直隸磁州

郭方山造象 正書 開元五年　直隸磁州

河南府大開國□□造象 正書 開元五年　直隸磁州

李希誕造象 正書 開元五年　直隸磁州

華岳廟張嘉貞題名 正書 開元六年　陝西華陰

秘書監馬懷素墓志 正書 開元六年十月十三日　江蘇嘉定瞿氏拓本

鄭縣修定寺傳記 八分書 開元七年　河南安陽

金剛經碑 杜嘉旭正書 開元七年四月八日　直隸元氏

移上

金剛経賛序并鄉望経主題名 孫嘉僊正書 開元七年九月十七 直隷元氏
日刻金剛経碑陰

本願寺舍利塔碑 正書 開元九年二月

千佛崖彭景宣造象 正書 開元十年二月癸酉朔八日庚辰 四川廣元

劍南道按察使益州長史韋抗功德象碑 正書年月八分書 開元十年六月七 四川廣元
日碑側有段文昌李景讓鄭愚題名

行登州司馬王慶墓志 正書 開元九年十一月甲辰朔六日己酉 山東掖縣

尉行忠造象 正書 開元十一年五月

突厥賢力毗伽公主阿那氏墓志 正書 開元十一年十月十日

湖南長沙

析府君妻曹氏墓志 正書 開元十一年十一月廿三日

陝西長安

襄州刺史靳恒碑 高慈正書張九齡文 開元十一年 湖北襄陽

開業寺石佛堂碑 孫義隆文行書 開元十二年三月 直隸元氏

唐昭女端墓志 正書 開元十二年六月廿六日 陝西咸甯

安衆寺經幢 正書 開元十二年七月十五日 直隸元氏

石浮圖記 孫銑正書 開元十二年 直隸冀州

元宗賜青城山張敬忠勅 行書前後題記[illegible]小字書 開元十三年正月三日 四川灌縣

益州大都督張敬忠表 行書 開元十三年正月十七日 四川灌縣

尚舍直長薛府君妻裴氏墓志 正書 開元十四年二月廿三日 河南洛陽

趙大問造象 正書 開元十四年三月

憫忠寺陀羅尼經幢 正書 開元十四年 直隸大興

聖容院碑 正書 開元十四年 河南長葛

豐義縣令鄭温球墓志 正書 開元十五年七月 陝西鄠縣

膚施縣令于履榫墓志 正書 開元十五年七月 陝西長安

花塔寺玉石佛座題字 正書 開元十六年 座刻唐諸帝后忌辰未有 貞元十一年移置記 直隸正定

花塔寺佛座題名 正書 年月泐 内有蛇氏二人名 直隸正定

屈突季將守利州刺史造象記 正 開元十八年 四川廣元

金仙長公主譯經施䭞奏 正書 王守泰 開元十八年 直隸房山

石亭記千秋亭記 鄭延行書 趙演文 崔文邕詩 開元十九年五月五日 原刻標題連寫仍之 四川中江

分兩行

開元殘碑 正書 開元二十年 陝西咸陽

智元墓志 正書 開元二十年 河南洛陽

董靈寶投龍記 正書 開元廿一年 此在原書所載泰安之先一種 直隸肅甯

河南府參軍張彰墓志 正書 開元廿一年十月 湖北武昌

裴耀卿書奏 開元廿三年二月

元宗批荅裴耀卿等奏

白鹿神泉祠碑 裴抗八分書 韋濟文 開元二十四年三月 直隸獲鹿

白鹿泉神祠碑側神主題名 八分書 碑左側及右側之上有宋金人題詩字 直隸獲鹿

華嶽令王宥題名 李樞八分書 上元二年二月 陝西華陰

岳廟縣

巴州佛龕記 正書 乾元三年四月十三日 四川巴州

光福寺楠木歌 正書嚴武史俊詩 無年月 四川巴州

分兩行

鮮于氏離堆記殘石 顏真卿文并正書 據集為寶應元年四月十五日 四川南部

[redacted]

石鐙庵心經 正書 廣德二年 直隸大興

周七娘施山田記 正書 永泰元年三月一日 四川簡州

新平郡王儼墓志 正書 永泰元年 陝西咸甯

元結朝陽巖銘 八分書 永泰二年 8 國朝田山玉重刻

圈者空二格

湖南道州

窊尊銘 元結文瞿令問八分書 永泰二年十一月廿日 湖南道州

趙城縣廣勝寺牒 正書 大歷四年 宋治平元年重刻 江蘇吳江王氏拓本

靈泉寺詩 行書 大歷六年 河南安陽

右堂銘 正書 元結文 大歷六年閏三月十五日 湖南祁陽

中興頌翻刻本二種 一在東巖一在北巖 原書僅載劍州一種 四川資州

香山党煜等題名 正書 大歷七年 河南洛陽

僧肅然禪房記 行書 大歷七年 河南河內

移上

趙州刺史何公德政碑 齊論述并書 大歷九年 直隸趙州

王景秀墓志 正書 大歷十年 石藏滿洲寅某

滑臺新驛記 李陽冰篆書 李勉文 大歷九年八月 河南滑縣

大原司録盧奕碑 子杞書 大歷十一年 江蘇吳江 王氏拓本

盧濤墓志 正書 大歷十一年 河南洛陽

法雨寺殘石 正書 大歷十二年二月十五日 四川簡州

左巖龕銘 正書 郭□趙傳説文 建中元年二月十五日 四川資州

浮玉二字 顏真卿正書 無年月 浙江歸安

獨秀峯石室記 正書 建中元年 廣西臨桂

宣城尉李君妻賈氏墓志 正書從子文則 建中二年三月廿三日 碑末書一行云後一千三百年為劉黃頭所發石以道光三年出土實一千百三年 直隸元氏

涇王妃韋氏墓志 李綖行書張周文 建中三年二月庚申 陝西長安

史越造象碑銘 正書 年月泐 四川簡州

造象殘碑 正書 年泐存十一月五日字兩種樹建中末 四川簡州

西頃山刺史袁高題名 正書 興元甲子立春十日 浙江長興

女冠王貞淑銘 女弟子朱瑤文并正書 天寶後乙丑改為興元二年 江蘇嘉定瞿氏拓本

張希越墓志 正書 貞元元年 浙江海甯

淮南節度兼泗州長史北平開國伯田侁墓志 正書 貞元三

分兩行

分兩行

加入 移上

李承訓移碑記 正書 陽冰篆額 貞元十年在隋孔廟碑側 直隸完縣

年八月四日 江蘇甘泉

下邽[redacted]縣丞韋端妻王氏墓志 子韋縝文并正書 貞元六年二月十九日 陝西咸寧

王口題名 正書 貞元八年二月十日在裴有琳德政記後 [redacted] 直隸獲鹿

西顧山丁頤最高堂題名 正書 貞元八年三月 浙江長興

清河郡張夫人墓志 外孫子壻劉釗書楊暄文 貞元八年五月十八日 石歸臨海宗氏 陝西扶風

張維岳碑 正書 貞元八年 陝西高陵

王庭湊妻馮氏墓志 正書 貞元八年 陝西長安

泗州長史試殿中監京兆田侁墓志 正書 貞元十一年

移上

八月廿七日 此田君妻冀台祔之志 江蘇甘泉

湖文齋

扶風郡夫人馮氏墓志 正書 史恆文 貞元八年十月廿七日 江蘇長洲 葉氏藏本

于昌嶠墓志 正書 貞元十一年 直隸密雲

北岳廟公孫果詩刻 正書 貞元十四年 直隸曲陽

畢遊江墓志 正書 貞元十九年七月一日 直隸正定

朝請郎守滎陽縣令關士約題名 正書 貞元十九年二月廿五日在裴琳德政記後 直隸獲鹿

左驍衛將軍陳義墓版文 郎瀕書 侯銛文 永貞元年十二月廿五日 石歸諸城劉[illegible]氏 陝西長安

功德碑校書郎段文昌等題名 正書 元和二年四月 四川廣元

裴復墓志 正書 元和二年 河南洛陽

萬仁泰墓志 正書 元和二年 陝西

盧永題名 正書 元和三年 陝西

崔文公魏成縣靈泉記述 正書沈翃文 元和四年三月三日

四川綿州

髙涼泉記 正書李納文 元和四年閏三月十二日 四川綿州

施昉墓志 正書 元和四年 廣東南海吳氏拓本

石經洞劉可大等題名 正書 元和四年 直隸房山

闕名心經 正書 元和五年正月 山西甯武楊氏家藏

零陵寺石闌贊 正書 元和六年五月 湖南祁陽

殿中監石神福墓志 正書 元和八年正月十七日 直隸正定

僧神行碑 沙門靈業[redacted]書 金獻貞文 元和八年九月 高麗晉州

李術墓志 正書 姪翺文[redacted] 元和九年正月十九日志[redacted]不及[redacted]葬地述

事亦略[redacted]瞿中溶[redacted]江蘇嘉定
[redacted]金石文例至唐而變非無[redacted]也 瞿氏拓本

彌勒象贊 正書 元和十年 山東東平

宣州司功參軍魏邈墓志 子匡贊文并艸書 元和十年四月八日 陝西咸甯

侍郎竇安政興題名 正書 元和十三年二月六日 湖南永興

尊勝陀羅尼經幢 正書 元和十三年七月 廣東南海吳氏拓本

龍華寺韋和尚墓志 正書從父弟同翊文 元和十三年七月乙酉 江蘇嘉定瞿氏拓本

宮闈令威遠軍監軍西門珍墓志 正書王元佐文 元和十三年七月 陝西長安

廿日[illegible]文[illegible]王元佐署名從姪稱擧不可曉

尼義契墓志 正書 元和十三年 陝西咸甯

崔載墓志 正書[illegible]成表徵文 元和十四年 直隸宛平

薛平題名殘碑 正書 元和十四年 山東益都

孔雀洞佛本行集經并題名 正書劉總造 元和十四年 直隸房山

冀王事右親事典軍郃才墓志 正書魏瓊尉仲方文 元和十四年十一月十六

此字外須加方框

日

陝西咸甯

朝散大夫韋端元堂志　第四子紓文并正書　元和十五年五月一日　志不稱墓

家書元堂碑版創例

陝西長安

鳳州司倉參軍司馬宗妻孫氏墓志　正書賈中立文　元和十五年十一月

陝西長安

廿二日

趙全泰妻武氏墓記　正書宋全泰文　寶歷元年十月十六日

直隸

皇澤寺轉運使崔□造象殘碑　正書　寶歷二年

四川廣元

皇澤寺造象殘碑　正書　年月泐　存父猛母雍氏字

四川廣元

河南府司錄參軍盧士瓊墓志　外孫歐陽漢正書　太和元年

陝西長安

張遵墓志 正書 太和元年 廣東南海吳氏拓本

龍潭王師閔詩 正書 太和二年正月七日 四川資州

處州孔子廟碑 任迪篆書韓愈文 太和三年六月 浙江麗水

楚州刺史石柱題名 正書 太和三年至會昌三年 陝西山陽

兵曹鄭準墓志 正書 太和四年八月廿五日 江蘇宜興

左監門衛將軍劉英潤妻楊瑛墓志 李約書魏則之文 太和四年十月廿九日 陝西長安

裴休書題名 正書 太和四年 陝西長安

攝無極令趙全泰墓志 正書 太和五年正月廿七日 直隸

馮翊聚慶墓志 正書諸葛舉文 太和六年十月廿六日志刻專[redacted]上藏嘉興張廷濟家 浙江秀水

内供奉法師翌空塔銘 田復正書王申伯文 太和七年 陝西長安

硤石寺法華會記 正書 太和七年 山西鳳臺

登封縣令上柱國崔蓄墓志 正書[redacted]趙博□文 太和七年十一月八日 陝西長安

同州司兵叅軍杜行方墓志 董述甫正書鄭澣文 太和七年十一月甲寅 嘉

定瞿中溶釋為杜行方　陝西咸甯

環府君妻程氏墓志　正書　太和八年　陝西鄜州

楚州兵曹劉峑墓志　正書景炎文　太和八年十一月　陝西長安

徐府君劉夫人合祔銘　正書　太和九年十月廿八日　銘後記墓地步界及立契六用錢地主保人數目姓名共七行　江蘇嘉定瞿氏藏本

吳伯倫造象記　正書　太和九年　浙江海鹽

劉源墓志　正書　開成元年　江蘇吳江

義陽郡王苻璘碑　柳公權正書李宗閔文　攷為開成三年　陝西富平

武功男子葳諸尋菖蒲澗記　正書　開成四年十月廿三日

四川南江

開東嶺路記 正書左行 開成四年十一月九日 四川南江

井闌題字 正書 開成□年五月 今在慈仁寺 直隸大興

趙府君妻夏侯氏墓志 正書 開成五年 湖北襄陽

華嚴岩李坦題名 正書 開成五年 湖南零陵

鳳光寺俊禪和尚墓志 正書 會昌元年五月廿六日 江蘇常州

華岳廟彊崟題名 正書 會昌二年六月廿二日立秋

趙□妻張氏墓志 沈櫓文 安子正書 宜郎篆額閨郎刻字 會昌三年五月廿六日志中書篆刻三 陝西華陰

人書名甚異著之 陝西長安

朝陽岩李坦題名 正書 會昌四年 湖南零陵

浯溪房魯題名 正書 □昌□五□中冬六日 改為會昌五年 湖南祁陽

魏邈妻趙氏墓志 行書 王僑文 會昌五年十一月廿三日 陝西咸甯

朱氏九娘子墓志 正書 會昌六年正月十九日 陝西

滎陽鄭公新建天王記 王富行書 蕭珦文 會昌六年十二月廿二日

四川巴州

天洞宣歙池等監軍使蘇道淙題名 正書 大中元年□月廿七日　安徽休甯

[illegible]　[illegible]

陀羅尼經幢 正書王銓文 大中三年正月丙辰朔　陝西長安

內府局丞王守琦墓志 正書劉景夫文 大中四年正月廿三日 志書崩裕 士不檢　陝西長安

移上

祇園寺經幢 正書 大中五年五月　浙江歸安

萬夫人墓志 正書 大中六年十二月　江蘇江都

掉轉

安國寺悟空禪師祖堂記 正書 大中六年十月一日 石已斷裂 浙江海甯
寺僧分為柱礎矣

石経山大石井碑 正書 大中六年 直隸房山

趙君平墓志 正書 大中七年 河南安陽

盧楷墓志 正書 大中七年 河南偃師

功德碑李景讓等題名 正書 無年月 諸城劉喜海攷為大中十一年 四川廣元 分兩行

無礙大悲心陀羅尼経幢 正書 大中九年十二月 廣東南海 吳氏拓本

後東林禪寺碑 柳公權正書 大中十一年 江蘇吳江 王氏拓本

功德碑員外郎鄭愚題名 正書 大中十三年六月三日

鳥文齋

四川廣元

袁口妻王氏墓志 正書 大中十四年 陝西咸甯

藥師象贊 正書 咸通二年 河南河內

榮王府長史程修己墓志 子進思正書 溫憲文 咸通二年四月十七日 陝西咸甯

尊勝陀羅尼經幢 劉鏞正書 咸通三年九月 原書僅載四年八月一種 福建龍溪

隋河陰太守皇甫興墓志 正書 咸通三年 直隸武強

節度隨使押衙王公晟妻張氏墓志 子宏泰書 李元中文 咸通四年

直隸宛平

集州開元寺塔記 正書左行 咸通四年五月十五日 四川南江

扶風馬氏夫人張墓志 李直文并[illegible]書刻 咸通四年五月廿七日 墓在安國寺

此志刻專上出土時寺僧甫拓一二 而鬼為厲遂懼而埋之 浙江海甯

國子祭酒嚴密墓志 正書王玆文 咸通五年八月十八日

楊籌妻王氏墓志 正書 咸通五年 陝西咸甯

青龍鎮朱氏石幢記 正書 咸通六年四月五日 江蘇華亭

咸通專文 正書 咸通六年五月 得于怪山塔下 浙江山陰

中岳廟記 正書 李方郁文 咸通六年 河南登封

徐州功曹劉仕俌墓志 張元勿文并正書 咸通八年正月 陝西長安

邑子廿八人造像專 正書陽文 咸通十一年七月十五日 浙江會稽趙氏家藏

九公都殘志

王公晟墓志 正書 許舟文 咸通十一年 直隸宛平

修北岩院記 行書左行 咸通十二年八月一日 四川資州

李諷造象 正書 咸通十三年七月 廣東南海 吳氏拓本

尊勝陀羅尼咒幢 正書 咸通十四年二月十五日 四川廣元

魏王府叅軍李纓妻楊氏墓志 正書 纓自撰文 咸通十四年十一月 陝西咸甯

廿三日

頊謙墓志 正書 咸通十四年 江蘇華亭

雲居寺殘經 正書 咸通十五年 直隸房山

崇因寺陀羅尼真言幢 正書 咸通十五年三月十三日 直隸正定

重建大寶光塔碑 僧覺顯書唐枝文 咸通十五年二月八日 浙江海寧

吉祥寺

殘經幢 正書 乾符元年九月 浙江長興

趙賓章墓志 正書 乾符三年 陝西咸寧

成君信墓志 正書 乾符五年 山東益都

佛頂贊 正書 廣明二年 [redacted] 河南唐縣

移上

淨土寺毗沙門天王碑

田匡祚造象 正書 廣明二年六月一日 四川廣元

王何造象 正書左行 廣明二年十月 四川廣元

淨土寺毗沙門天王碑 正書 中和二年 陝西鞏縣

戴昭墓志 正書 中和二年

幽州隨節度押衙敬延祚墓志 正書張賓文 中和二年 直隸昌平

北海戚處士墓志 正書趙玭文 中和三年十月

寶林寺普照禪師碑 金蘧書七行以下金彥卿書 金穎文 中和四年九月 高麗長興

移上

移上

骨肉平善造象記 正書左行 中和二年五月 四川廣元

行利州録事造象記 正書 中和三年八月 四川廣元

王四娘造象記 為國夫人 正書 中和四年正月廿六日 四川廣元

張禕題名 正書 中和四年三月八日 四川巴州

封崇寺經幢 史歸舜正書 光啓二年四月八日 直隸行唐

佛象贊殘刻 正書 光啓四年正月八日 直隸正定

化城縣造象記 楊綰正書張萬餘繪左行 文德元年十二月十五日 四川巴州

隴西公修化城龕記 行書左行 光啓四年正月十八日 四川巴州

雙溪寺真鑑禪師碑 崔致遠文并書 僖昭間 朝鮮趙義卿放崔致遠

入唐求學子

登乾符二年第光啓元年歸國 謚文昌侯[redacted]從祀高麗文廟 高麗晉州

聖住寺朗慧和尚白月葆光塔碑 崔仁滾書崔致遠文 無年月 諸城劉喜海定為大順元年 高麗藍浦

鳳巖山寺智證大師寂照塔碑 釋慧江書崔致遠文 無年月 高麗尚州

雙溪石門四[redacted]字 崔致遠書 無年月 高麗晉州

洗耳嵒三[redacted]字 崔致遠書 無年月 高麗晉州

三神洞三字 崔致遠書 無年月 高麗晉州

□節度相國生祠碑 王摩正書 景福元年十二月 浙江山陰

索勲殘碑 正書 景福元年 [redacted]勲為靖曾孫 甘肅[redacted] 新疆

孫珦妻張氏墓志 正書 景福元年

光祿大夫靜南軍使[redacted]扶風縣開國男韋君靖碑 正書 胡密文 左行 乾寧二年二月癸未朔十九日辛丑 四川大足

道宗常寶二僧碑 正書 乾寧二年 直隸薊州

羅漢寺碑 行書 光化三年二月十五日道光二十年出土碑末載誓辭云當受百年大病不可曉然蜀碑數見疑當時方言也 四川樂至

觀音寺舍利塔碑 裴襉文并正書 天祐二年 直隸大名

閏作菴池題名 正書 天祐二年 福建侯官

柱國德陽郡公碑 正書 年月泐　陝西醴泉

德州都督碑

趙偃心經 正書 無年月

嗣名心經 正書 無年月　山東滋陽

草書心經　長安

白鶴觀碑

邛州刺史狄公碑 正書

魏氏蓮花佛座題 正書 無年月　直隸獲鹿

建大殿殘碑　益都

王進思碑　安陽

分冊八

殘墓碣石 正書 無年月 字已磨滅且為人刻岳壹吾在此五字於上 河南洛陽

曾義福塔志 正書 無年月 河南洛陽

金仙公主墓中符篆告文石刻 正書 無年月 河南洛陽

殘幢經 張岩書 正 無年月 廣東南海 吳氏拓本

侍郎宏歟楊於陵題名 正書 無年月 湖南祁陽

鄔君墓志 正書 無年月

東環墓志 正書 無年月

郭公夫人殘志 正書 年月 沙

尼韋勤提墓志 正書 無年月 直隸正定

路君墓志蓋 篆書 無年月 孟縣

姜氏墓志蓋 篆書 無年月 孟縣

深州刺史殘志蓋 無年月 篆書 直隸正定

處士張君墓志蓋 無年月 篆書 正為明人鑿作全牛禪師塔碑趺 山西汾陽

華陽三洞景昭大法師碑額 篆書陽文 無年月

汝南周君碑額 無年月 篆書 舊釋為漢碑額非 湖北漢陽 葉氏藏本

三階大德禪師碑額 無年月 [redacted]正書 陝西長安

智運為天皇天后太子造象 無年月 正書 龍門山[redacted]遺象 唐人[illegible]刻 續借 之諱按

者甚多原書皆以無年月列後魏末且有本具年月而

失攷者為補正數[illegible]並審定書亦[illegible]失攷[illegible]前後[illegible]氏

[redacted]并審定時地書跡分載前後以休馬[illegible]以[illegible]

[redacted]所藏[redacted]校補

補[redacted]二十四種[redacted]言前[redacted]

者留[redacted]僕[redacted]訪[redacted]

正書

求願同志者有助焉

傳法師造象 無年月 河南洛陽 〇〇〇〇

以下凡〇〇〇〇者均寫河南洛陽四字

陳泰勅等造象 無年月 正書

内西頭供奉余祺造象 無年月 正書

太州鄭縣

王思業造象 無年月 正書

都河間寺真儒造象 無年月 正書

徐[illegible]□為息麀從還京造象 無年月 正書

劉鹿為流端州造象 無年月 正書

李保妻楊造象 無年月 正書

雍州□法智造象 無年月 正書

李哲造象 無年月 正書

范陽殘字 正書 無年月 直隸大名

尉遲氏殘字 正書 無年月 直隸晉州

念德寺殘象 正書 無年月 直隸晉州

[redacted]寂[redacted]經幢二種 正書 無年月 直隸趙州

[redacted]

古佛題字 正書 無年月 直隸通州

石浮圖殘記 正書 無年月 直隸元氏

八佛象石幢 正書 無年月 直隸正定

殘經幢二種 正書 年月泐 一在開化寺一在臨濟寺 直隸正定

開法寺經幢 正書 無年月 直隸滿城

雷音洞石經二十七種 正書 無年月 凡二千三百餘石中兜率陀天經爲高麗僧達牧書大興樊彬言洞中經無一[illegible]闕佚惟拓本希見[illegible]諸家蒐訪各得一二而已石經全目已載樊氏畿輔古刻錄中茲舉總數俟有力者訪之 直隸房山

柏鹿寺小浮屠六面石幢 正書 無年月 高麗慶州

掛陵十二神圖象 無題字 無年月 高麗慶州

角干墓十二神圖象 無題字 無年月 高麗慶州

湖文齋

魏本存校字

四行移後

淮陰水軍專文○○○ 拓本錄其三 按甘氏於淮上得宋專凡三十餘種茲據所見 江蘇上元 甘氏家藏

流杯池三大字○○○ 正書 四川巴州

古珍泉三字○○○ 正書 四川巴州

馮判府詩什○○○ 正書 四川巴州

戒石銘○○○ 正書 湖南道州

戒石銘二○○○ 正書 廣西蒼梧

六和塔布施題名刻經○○○ 正書 浙江仁和

蒼玉洞殘詩刻○○○ 正書 福建長汀

葉夢得等題名○○○ 正書 福建長汀

潘天隨題名○○○ 行書左行 福建長汀

蘇才老等題名○○○ 正書	福建長汀
朱桃椎洞記○○○ 正書	四川簡州
文正倫墓志 正書□洪 蹇汝明文 年月泐	四川綿州
鄉賢堂記○○○ 李時雍正書 陳鵬文	四川三臺
楊次公證道牧牛頌○○○ 行書	四川大足
清平息菴四大字○○○ 李資元[illegible]書	朝鮮春川

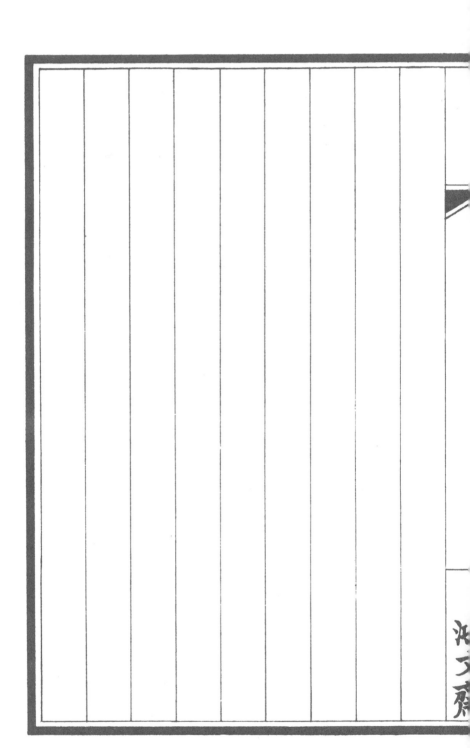

梅卷四

補寰宇訪碑錄卷五

會稽趙之謙纂集
松江沈樹鏞覆審

南宋

蒼玉洞薛敏等題名 正書 建炎元年七月廿四日 福建長汀

郡守蘇以才題名 正書 建炎二年正月廿六日 福建長汀

趙仲湜西禪寺題名 正書 建炎四年

重摹泰山壽字 正書 紹興三年十月 後有文安趙□□浚儀趙呂二跋 福建長汀

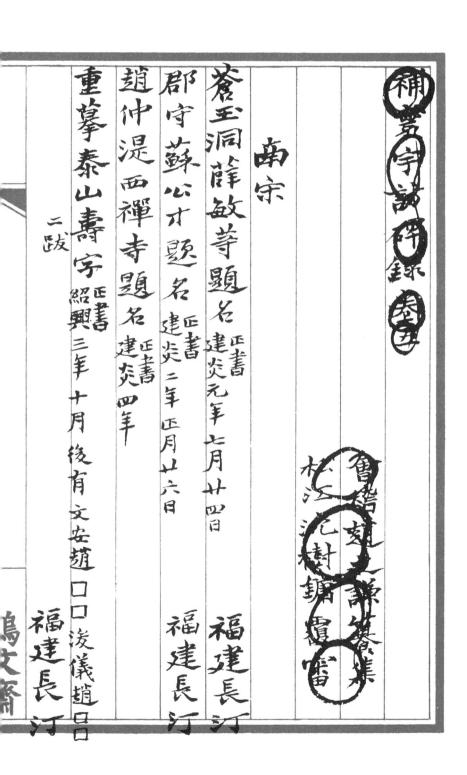

惠因寺維摩詰畫象題字 正書 紹興四年九月 四川大足

李若虛浯溪詩 正書 紹興五年 湖南祁陽

景道書

王[redacted]賈氏墓志[redacted] 八分書 紹興六年十月 四川犍為

何麒龍多山詩 正書 紹興七年二月三十日後有李樠跋羅德麟 馮麟晏者題名 四川蓬溪

右朝請大夫李[redacted]墓志[redacted] 洵直 任續 正書 紹興十二年十一月十四日壬寅 李安仁文 四川綿州

李[redacted]真贊 洵直 無年月 張晦八分書楊軾文 四川綿州

蒼玉洞范智閒詩 正書 紹興十三年 福建長汀

程仲淵尋題名	正書 紹興十三年四月五日後有鄉兄某曾觀題字	福建長汀
縣學御書孝經	行書 紹興十四年七月辛未	四川遂甯
知府宋學士勸農事實碑	正書 紹興十六年三月	四川巴州
化城縣同日勸農事實碑	正書 年月泐	四川巴州
魏城縣通濟橋記	正書 紹興十八年十月	四川綿州
唐居士柳本尊傳碑	正書 紹興□□年	四川大足
御書傳忠廣孝寺碑	正書 紹興十八年	浙江會稽
靈峯院鐘樓記	鄧良能正書 王咸久文 紹興二十年正月	四川三臺

李集妻楊氏墓志　正書　紹興廿一年　湖北咸寧
雙筍石銘　王克貞八分書　無年月　四川三臺
雙筍石詩　篆書　無年月　四川三臺
雙筍石沈該題字　行書　紹興二十二年十二月　四川三臺
福昌院勸農記　八分書　紹興二十六年二月丙戌　四川閬中
請能公開堂疏　行書　紹興二十五年　四川渠縣
□郴墓志　正書　紹興廿八年　湖南辰溪
何俔題名記　陳鈗正書　紹興廿九年四月望日　四川巴州
東巖寺雍大椿等詩刻　正書　紹興三十一年四月　四川閬中
文序世等題名　八分書　紹興二十九年二月　四川達縣

掉轉　掉轉　四行

岑公洞三大字 行書 紹興三十一年三月旦日 四川萬縣

郡守[redacted]（斛）繼善等題名 正書 紹興三十一年重九日 福建長汀

游仙觀玉皇殿碑 八分書 無年月劉喜海考爲隆興間 四川巴州

開化寺牒 正書 乾道元年 浙江天台

也足軒記 八分書 乾道二年五月十五日 四川簡州

崇道觀牒 正書 乾道四年 浙江天台

重修大晟樂記 八分書 乾道六年三月二十七日 四川彭縣

楊夫人權厝志 正書 乾道七年六月庚申 四川樂至

遂寧府旌忠廟牒 正書 乾道八年 四川遂寧

神君李洪碑 行書 乾道八年 四川蓬溪

掉轉

分兩行

鄧椿大佛寺詩 八分書 乾道八年三月十日　四川閬中

蒼玉洞林元等題名 八分書 乾道八年七月廿一日　福建長汀

開封鄭口殘題名 正書 乾道八年十月　福建長汀

張夫人夢佛記 正書 乾道九年五月　四川蓬溪

龐[illegible]宮泮池記 八分書 [redacted] 七年 [illegible]月　廣西桂林

廣利寺龍圖碑 正書 淳熙元年　四川遂寧

題[redacted]招隱[redacted] 淳熙 [redacted]

王城山醮壇詩 行書下列正書 淳熙五年六月十二日後有鄧早跋　四川大足

南山順濟廟記 正書 淳熙六年　浙江仁和

張能應題名 八分書 淳熙五年　四川萬縣

正書、八分書

知忠州王典孫墓表 黄然行書 馬騏文 淳熙七年十月十三日 四川榮縣

興福院記 正書 淳熙八年 浙江仁和

嘉禾堂三大字 張垓八分書 淳熙八年七月 四川巴州

朝陽巖三大字 李口篆書 淳熙八年八月 四川巴州

蒼玉洞呂大猷等題名 正書 淳熙八年十月 福建長汀

白鹿洞趙昌言等題名 正書 淳熙九年 湖南郴州

石門洞詩 鄧樫八分書 淳熙九年 四川大足

趙子直題名 正書 淳熙十年

寶梵寺碑 正書 王鉉 陳祖仁文 淳熙十一年十一月 四川蓬溪

集古堂記 八分書 淳熙十二年二月 四川綿州

右史檢討費公紀夢殘刻	行書 淳熙十五年四月	四川簡州
三大士號并贊	李大正正書 李延智贊八分書 淳熙十五年七月	四川中江
夾江縣酒官碑	八分書 楊仲修文 淳熙十六年八月己亥	四川夾江
顯甯廟牒	行書 紹熙元年	浙江山陰
興龍山呂升御題名	正書 紹熙二年	浙江山陰
甘露祖師行狀畫象并	正書 紹熙三年二月二十六日	四川名山
富樂山師公詩	正書 紹熙三年五月	四川綿州
李璽重立放生池殘字	正書 紹熙三年十月	四川中江
石堂院題名并詩	行書 紹熙五年三月	四川綿州
朱時題名	正書 紹熙二年	四川綿州

分兩行

掉轉

高州石屏記 正書 慶元元年 廣西臨桂

蒼玉洞長口等題名 八分書 慶元二年十月 福建長汀

富樂山王沇題名 行書 慶元口年 四川綿州

張行儉等題名 正書 慶元三年十月 福建長汀

紹興府進士題名碑二 正書 慶元二年 浙江山陰

富樂山范令聞詩 正書 慶元三年十一月 四川綿州

武連種松碑 正書 慶元三年 四川劍州

辟歷巖郡將陳曄題名 正書 慶元四年正月廿七日 福建長汀

銅山縣三大字 篆書 童駟 慶元五年正月八日 四川中江

陳映蒼玉洞題名 行書 嘉泰元年三月下潘七日之謙按以潘為澣或取左傳遺之潘沐意向來未見 福建長汀

大士閣陳映等題名 行書 嘉泰二年九月 福建長汀

崇德廟財帛庫記 李言之正書 嘉泰二年 四川綿州

修佛龕記 行書 嘉泰二年閏十二月辛酉 四川簡州

蒼玉洞趙彥橚題名 八分書 嘉泰三年三月八日 福建長汀

妙濟真人勅 行書 嘉泰四年八月二十二日 四川中江

涌泉寺碑 席震癸正書史漸文 嘉泰四年九月庚申朔二十三日甲申 四川綿州

分郡

榮王儼榜 行書 開禧元年五月 四川榮縣

棹

費士戣等題名 行書 開禧元年二月 四川樂山

此行移後

郭仲深等題名 正書 嘉定五年二月 四川南江

紫府飛霞洞記 行書 開禧三年六月十八日 四川名山

蜀頌 正書 嘉定元年十月 四川綿州

玉泉山詩 正書 嘉定元年十一月 四川綿州

玉泉山三大字 楊叔蘭正書 嘉定元年 四川綿州

大雄真聖像 正書 嘉定二年八月 四川中江

楊叔蘭題字四種 正書 嘉定二年 四川中江

千福巖陳景南題名 行書 嘉定三年十二月 四川綿州

掉轉

楊瓘題名 行書 嘉定三年五月 四川綿州

桂金魚橋記 正書 嘉定五年四月 四川中江

移此

宋栱題名 正書 嘉定五年五月 四川巴州

牟桂口等題名 行書 嘉定五年九月 四川資州

潼川府修學記 文彪正書 任炎佐文 嘉定六年十二月 四川三臺

芭蕉橋記 正書 嘉定七年 湖南湘鄉

潼川府修學記殘石 正書 嘉定八年 四川三臺

于季文等題名 行書 嘉定十年九月 四川資州

董日等題名 正書 嘉定十一年正月 四川綿州

蘇州府學蠲免田租牒 正書 嘉定十一年 江蘇吳縣

廟山新開三伯佛記 正書 嘉定十三年五月 四川梓潼

清境二大字 宋卿名 正書 嘉定十年九月十二日 四川萬縣

修中江縣學記	范良孫正書 度正文	嘉定十四年二月	四川中江
浴日亭詩	行書	嘉定十四年	廣東南海
費伯矩等題名	正書	嘉定十五年正月	四川綿州
程公洞三大字	行書	嘉定十五年六月	四川樂山
北巖趙希濬等題名	行書	嘉定十六年	四川資州
石盆李滎題字	正書	嘉定□□年	四川綿州
壽祿二大字	篆書 趙夷夫	寶慶三年閏五月	四川中江
當陽勝境四大字并詩	趙夷夫正書	寶慶三年六月	四川中江
家人卦摩崖	司馬光八分書	寶慶三年七月 溫公家人卦石刻凡四一在	

移上

浙江一在四川一在陝西 陝西本未見 一在廣西　四川中江

錢元忠等題名　正書　寶慶三年九月八日　福建長汀

張信復等題名　行書　紹定元年正月　四川綿州

高涼洞舟木題名記　正書　紹定二年四月　四川綿州

王子誼等題名　行書　紹定三年三月　四川綿州

釋迦舍利寶塔禁中應現圖記　僧道權正書　紹定四年　四川大足

李伯珍等題名　行書　紹定六年九月　四川綿州

西山巖[illegible][illegible]朱詩　行書　端平二年正月十二日　四川梓潼

建安社稷壇記　正書　嘉熙元年　福建建安

劉口題名　正書　紹定口年　四川資州

杜陵王中題名　正書　四川資州

西夏

感通塔碑 西書 天祐民安五年 甘肅武威

感通塔番字碑 無年月 甘肅武威

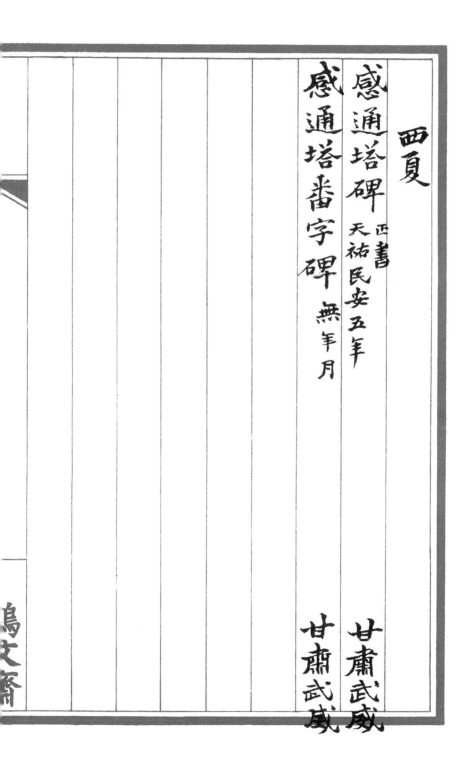

[illegible]文齋

金

護國顯應王廟記 正書 天會七年 河南河内

重建文宣王廟記 集凝正書賈葵文 天會十二年 直隸趙州

湯[redacted]廟記 正書 天會十四年 河南河内

奇石山摩崖 王綰正書鞏伯勲文 天會十五年十月十五日 直隸獲鹿

普賢寺碑 文公裕書金富軾文 皇統元年七月 朝鮮甯邊

碑陰探密宏廓二禪師記 文公裕書 皇統元年七月 朝鮮甯邊

圓應國師碑 正書尹彥頤文 皇統元年 朝鮮清道

淨如靈巖詩 正書 皇統三年 山東長清

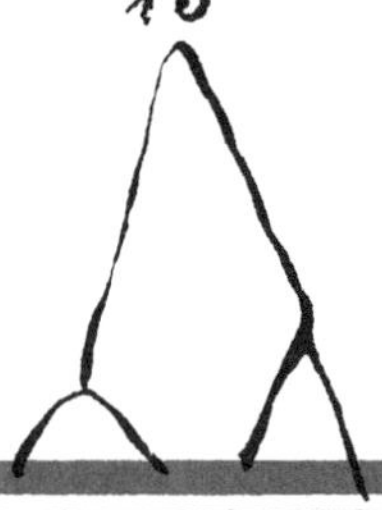

神琳菴四面刻字 正書 皇統四年 朝鮮淮陽

僧文海塔銘 李□文并書 貞元元年十月十五日 直隸元氏

定林通法禪師塔碑 王縉升書 貞元元年四月廿五日 直隸正定

崔臯等[illegible]石香鑪記 正書 貞元二年十二月十日 直隸元氏

僧崇遠塔銘 正書 貞元三年 陝西長安

邸邨王石氏造玉石羅漢記 正書 正隆三年九月 直隸正定

温富等造石香鑪記 正書 大定三年九月廿一日 直隸元氏

廣濟寺牒 正書 大定三年十一月 江蘇吳江王氏藏本

趙同邨福祥院牒并記 正書 大定四年 直隸元氏

林公倚夢嵩嶽題名 正書 大定四年 河南登封

吉祥院牒 正書 大定四年 陝西武功

七佛偈坿珪公居士塔銘 釋洪道行書 大定十年正月十五日 直隸寶坻

舍利塔銘 正書 大定十年內有大安殘字 直隸獲鹿

萬壽院牒 正書 大定十年 山東長清

大鑑國師碑 釋[redacted]書 李[redacted]文 大定十二年正月 朝鮮晉州

洪福院牒并記 正書 大定十三年七月十五日 直隸元氏

碑陰 直隸元氏

修象施錢記 正書 大定十四年 直隸元氏

掉轉

福嚴院牒 正書 大定十四年 陝西醴泉

蠲大王祖宅塔記 正書 大定十七年 山西解州

居士張[淨字]塔銘 洪道書韓伯達文 大定十七年三月十七日 直隸獲鹿

辯香菴嵩公靈塔記 正書 大定二十年 直隸房山

允公長老塔銘 道信書蘇獻可文 大定廿三年九月九日 直隸獲鹿

龍修門寺記 淵懿書李知命文 大定廿三年四月 朝鮮醴泉

龍泉院牒并記 正書 大定廿四年 直隸元氏

元悟國師碑 柳□□書李知命文 大定廿五年二月 朝鮮龍仁

□處仁回山碑陰題名 正書 大定廿五年 陝西涇州（甘肅）

三官宮存留公據碑 正書 明昌二年八月一日 陝西高陵

報先寺

尼德淨墳幢 裕賢正書 大定廿五年 直隸房山

問山堂記 崔虎書 馮翼文 大定廿[illegible]年五月 直隸無極

竹林寺羅漢洞記 正書 大定廿九年 河南登封

振衣岡范元題名 正書 大定廿九年 原誤坿元末今正 山東泰安

開化寺經幢 [illegible]正書 明昌二年六月 直隸元氏

治平院山堂記 正書 明昌二年 山西鳳臺

僧惠真誠庵尉頌 正書 明昌二年 山東東平

依止大師殘碑 正書 明昌三年 碑在[illegible]朝鮮趙寅永得之琢爲研贈劉方伯 山東諸城 劉氏家藏

喜海

榮國公時立愛墓碑 趙渢書 李宴文 明昌六年 直隸新城

王祖堂記 正書 明昌六年 河南河內

圓城寺牒 碑 正書 明昌六年 山東泰安

通鑒大師塔銘并陀羅尼真言幢 圓照書 善慶文 明昌七年十月一日 直隸正定

[redacted]

東海徐氏墓碣 正書 承安四年 河南濟源

元氏重脩社壇記 正書 泰和二年 刻政和元年碑陰 直隸元氏

廣公塔記 正書 泰和二年 直隸房山

勍公和尚塔銘 董口口正書 泰和二年二月 直隸欒城

高陵縣張舅去思碑 楊庭秀書 張建文 石 明昌五年 陝西高陵

奠青觀牒 正書 山東東平

移此

大安專刻 正書 大安二年四月三十日未時下有老爺感化云云[redacted] 江蘇青浦王氏拓本

高仲倫德政碑 崔金鑑行書 呂鑑文 泰和二年三月廿日 直隸元氏

玉皇象座上題字 正書 泰和五年六月十二日 直隸行唐

玉泉寺勤跡檀那銘 正書 泰和七年 山東長清

勝公法師塔銘 正書 大安二年五月廿七日 直隸獲鹿

理公和尚塔銘 正書 大安三年四月廿一日 直隸獲鹿

開化寺羅漢院重脩前殿記 崇甯行書 劉瓊文 長安三年九月九日 直隸元氏

方丈二大字 趙口正書 興定四年

教元塔額 正書 元光二年 河南登封

凡三圖均促寫

寶鏡寺元真國師碑 金孝印書李宏孝文 甲申五月舊題貞祐間韓韻海定為正大元年 朝鮮清河

道士鄭居澄豫作墓志 正書 正大六年 河南鹿邑

獜角寺普賢國師殘碑 集王羲之書閔漬文 ○○○ 朝鮮義興

獜角寺殘碑陰 集王羲之書釋山立文 ○○○ 朝鮮義興

石臺寺地藏像碑 行書閔漬文 ○○○ 朝鮮鐵原

真覺寺碑 正書 ○○○ 朝鮮康津

沙林寺宏覺國師殘碑 沙門靈澈集王羲之書 ○○○ 以下五種據海東金石文存卅 朝鮮襄陽

金末

偽齊

永慶寺大殿記 正書 阜昌五年

廣東南海吳氏拓本

元

尊勝陀羅尼真言幢 正書 憲宗二年四月十八日 直隸正定

善應儲祥宮聖旨碑 正書 憲宗四年 河南安陽

太清宮令旨 正書 憲宗七年 河南鹿邑

重脩大龍興寺功德記 印從書 趙從證文 憲宗九年四月廿八日 直隸正定

經幢[illegible][illegible] 正書 中統二年 山東泰安

五嶽觀碑 朱文禮書 任毅文 中統四年九月 直隸晉州

知中山府事王善神道碑 李冶文并行書 至元五年三月廿六日 直隸藁城

鳴文齋

妙香院記 正書 至元五年 陝西城固

太極觀記 酈居敬文并書 至元八年七月廿一日 直隸欒城

無極縣廳事題名記 馮崧并書 至元九年七月十五日 直隸無極

重脩水仙菩薩題字 正書 至元十三年 直隸元氏

建福院記 裴震文并書 至元十四年三月十九日 直隸元氏

樞密院牓文 正書 至元十四年十二月 直隸贊皇

胥城石柱題字七段 正書 至元十六年 山東東平

佛峪寺化緣疏 正書 至元十九年 山東泰安

重脩廟學記 李治文男玩復書 至元十九年七月十五日 直隸元氏

碑陰 正書 直隸元氏
趙文昌孟廟題名 正書 至元廿年 山東鄒縣
華嶽祭告殘碑 正書 至元廿二年 陝西華陰
本願寺遇公經幢 正書 至元廿二年四月八日 直隸獲鹿
文廟四至記 書馬仲璉 趙琦文 至元廿二年八月 直隸無極
衛志隱碑 正書 至元廿三年
望嵩樓記 正書 至元廿五年 河南汝州
天開寺碑 正書 至元廿八年 直隸房山
張圯澹山巖詩 行書 至元廿九年 湖南零陵

石哥哥廟記 正書 至元三十年

元氏重建土地堂并石香鑪記幢 正書 至元三十一年 直隸元氏

加封廣祐王聖旨碑 正書 元貞元年二月 直隸井陘

脩白鹿泉亭記 正書周義文 元貞三年四月十五日 直隸獲鹿

重脩神應王廟記 陳紹禮書 大德元年三月 [redacted]陳自署苗莊晚學晚學二字僅見 直隸元氏

祁林院聖旨碑 正書 大德元年十月 直隸靈壽

龍華寺[redacted]宏真國尊碑 金怡書金晅文 大德二年 朝鮮大邱

知中山府事王善夫人李氏墓志 王惲書李謙文 大德四年十月八日 直隸藁城

北嶽行宮聖蹟碑 陳[illegible]書張楫文 大德四年十月 直隸無極

欒巴廟記 正書 大德五年 河南安陽

重修廟學記 張渋書郝采麟文 大德五年六月 直隸欒城

重脩大覺六師殿記 顯仁書永住文 大德五年九月 直隸正定

碑陰 正書 直隸正定

重脩廟學記 段孚書王思濂文 大德五年十月 直隸元氏

碑陰 正書 直隸元氏

祁林院聖旨碑二 正書 大德六年二月八日 直隸靈壽

威儀覺悟菩頌 正書 大德六年 河南登封

韓氏新塋世德碑 正書 大德七年 河南安陽

碑陰 正書 河南安陽

橫山重脩聖母祠記 王思廉文并書 大德八年十月十日 直隸獲鹿

元武殿碑 正書 大德九年 浙江錢塘

遷脩文廟記 王鉒書 劉源文 大德十年三月六日 直隸井陘

碑陰 正書 直隸井陘

榮祿大夫王慶端神道碑 劉賡書 閻復文 大德十年七月廿二日

直隸藁城

開化寺重脩佛殿記 趙洲能書賀宗儒文 大德十年十二月乙巳 直隸元氏

碑陰 正書 直隸元氏

加封孔子制誥碑 正書 大德十一年七月 直隸靈壽

又 正書 大德十一年七月 直隸藁城

壽國文貞公董文忠墓碑 蕭𣂏八分書 無年月 直隸藁城

追封董士元聖旨殘碑 正書 至大元年閏十一月 直隸藁城

拔不忽碑 正書 至大二年 江蘇宜興

學田記 張渼書王思廉文 至大二年七月十五日 直隸欒城

三日浦埋香碑 正書 至大二年八月 朝鮮高城

追贈董晉(俊)聖旨碑 正書 至大三年十口月 直隸藁城

碑陰并兩側 正書 袁明善文 至大三年十口口 文載元文類為元明善撰碑書袁誤 直隸藁城

董士元碑陰 正書 至大三年 直隸藁城

趙郡忠懿公董士元墓碑 正書 無年月 直隸藁城

圓通寺記 正書 皇慶元年 江蘇嘉定

全真觀記 正書 皇慶元年

藁城令董文直神道碑 第十八姪男士廉書 元明善文 皇慶元年十一月十九日

藁城王氏宗系圖碑 歐陽長孺文并書 皇慶二年 直隸藁城

杜榮李碑 正書 延祐元年 河南安陽

順應侯廟碑 正書 延祐元年 山東歷城

碑陰 正書 山東歷城

碑□兩側 正書 山東歷城

重脩縣廨廳壁記 李託書 王思廉文 延祐改元三月 直隸無極

祁林院歷代聖主恩慧撫護碑 正顯書 明亮文 延祐元年三月 直隸靈壽

碑陰 正書 直隸靈壽

加號孔子詔書碑 許維則書王思廉記 延祐二年四月 直隸正定

碑陰題名 正書 直隸正定

加號孔子詔書碑 正書 延祐二年四月十五日 直隸元氏

碑陰 正書 直隸元氏

積菴記 趙孟頫書黃超然文 延祐四年三月十日 咸豐庚申魏錫曾移家台州始訪得之 浙江黃巖

增脩廟學記 張珪書王思廉文 延祐四年五月 直隸正定

碑陰 正書 直隸正定

李溍道題名 正書 延祐三年四月 四川樂山

白佛殿記 正書 延祐四年 山東東平

碑陰 正書 山東東平

程鉅夫妻徐氏碑 正書 延祐五年 福建建安

龍興寺長明鐙錢記 永恩書 延祐五年七月 直隸正定

追崇聖號之碑 張彬書 延祐六年四月 直隸元氏

碑陰 正書 直隸元氏

大成殿記 正書 至治元年 浙江山陰

功臣平章鄭溫神道碑 鄧□原文并書 至治三年 直隸靈壽

趙文正公興學詩 賈屋書 至治三年閏五月望日 直隸贊皇

滹南先生祠記 虞集書吴澄文 泰定元年三月 直隸藁城

碑陰題名 正書 直隸藁城

加號大成詔書碑 陳觀書 泰定元年十月 直隸獲鹿

碑陰 上列陳觀書閻復文中列趙開書贍思文 泰定元年十月 直隸獲鹿

加號孔子詔書碑 張友直書 泰定二年閏正月二十日 直隸井陘

碑陰題名 正書 直隸井陘

曾顯和碑 正書 泰定二年 直隸房山

新建府署記 田元亨書郭士文文 泰定二年五月 直隸正定

魯柏山禪定字施緣銘記三種 正書 二泰定三年正月一至正

癸巳丙辰月庚辰日文極里鄙有黍粟叁伯拾碩語定即一貫黍疑黍字 直隸靈壽

鈔三十完

文殊藏院經碑 李君倓書李齊賢文 泰定四年五月 朝鮮春川

新建淮陰侯廟記 李术魯翀書楊□韓文 致和元年□月十七日 直隸獲鹿

趙國正獻公董文忠墓碑 張晏書 無年月 直隸藁城

碑陰董正獻世系圖 直隸藁城

加贈趙國正獻公董文忠墓碑 張晏書 無年月 直隸藁城

趙國清獻公董士珍墓碑 張晏書 無年月 直隸藁城

恒山忠武王王慶端墓碑 正書 無年月 直隸藁城

策公塔經造題名 正書 天歷二年五月 直隸靈壽

慶公塔銘 龍山文幷書 天歷二年六月十九日 直隸元氏

十方萬歲禪寺莊產碑 虞集書 至順元年十月 直隸正定

武安王封號石刻 正書 至順二年 直隸正定

御史中丞董士恭墓碑 正書 無年月 直隸藁城

榮祿公哈珊神道碑 贍思文幷八分書 至順三年十二月 直隸欒城

中順大夫董文毅墓碑 正書 至順四年二月 直隸藁城

趙國忠穆公董文用神道碑 張起巖書 閻□文 年月泐 直隸藁城

寄靈巖僧詩 正書 至順四年 山東長清

普陀大士象碑 正書 元統元年 江西宜春

開化寺重脩聖象法堂記 正書 元統二年二月 直隸元氏

碑陰 正書 直隸元氏

宣武將軍皇毅墓志 蘇口書虞口文 元統三年二月 直隸藁城

皇毅墓碑 正書 無年月 直隸藁城

贈京兆郡伯皇慶墓碑 正書 無年月 直隸藁城

皇讓墓殘碑 正書 無年月首題有元故漢人五字 直隸藁城

善衆寺創建方丈記 酈忞書贍思文 元統三年二月 直隸欒城

江南湖北道廉訪副使董公墓碑 張國維書 元統三年三月

直隸藁城

提舉天賜場鹽使司事董公墓碑 董守庸書 元統三年三月提舉 鹽使及天賜場官名元史無攷　直隸藁城

頤真宮聖旨碑 正書 元統三年　河南輝縣

伊彥埋香碑 正書 元統三年三月　朝鮮定州

丹虛觀碑 正書 後至元元年　河南輝縣

龍興寺重脩大悲閣碑 張國維行書 法洪文 後至元元年十二月　直隸正定

碑陰 正書　直隸正定

千户鄭銓神道碑 王士熙正書 蘇天爵文 後至元二年四月　直隸靈壽

雲居寺藏經記 正書 後至元二年 直隷房山

中順大夫安贇神道碑 張澍書 逸民嚴口文 後至元三年五月十三日 直隷欒城

張繼先道行記 正書 後至元三年

興龍寺記 正書 後至元三年 [illegible]德化

真定路學樂户記 李黼書 歐陽元文 後至元四年閏八月 直隷正定

碑陰 正書 直隷正定

彰德路廳壁記 正書 後至元五年 河南安陽

王彬石香鑪題記 子克己書 後至元六年七月一日 直隷正定

鳥文齋

夫子廟堂記 正書 至正元年　安徽當塗

李文珍孝行碑 正書 至正元年　湖南東安

法住寺慈淨國尊碑 全元發書 李叔琪文 至正二年三月　朝鮮報恩

宋文瓚去思碑 行書 至正二年　浙江山陰

重脩佛堂院記 王彝文并書 至正三年二月八日 額題郭鏞罍鄭賓香[illegible] 疑即重脩佛堂[illegible]院記六字　直隸元氏

碑陰 正書 額題㵎珇兢堅四字不可識　直隸元氏

內供奉董公墓碑 正書 無年月 [illegible][illegible] 款題肅齋公為姪□書僅見例　直隸藁城

御史中丞董守簡墓碑 張起巖書 無年月 直隸藁城

賈魯謁岱祠詩 正書 至正五年 山東泰安

陶福之鳥山洞題記 正書 至正五年 湖南長沙

郭郁嵩陽石柱題名 正書 至正六年 咸茂氏 河南登封

龍興寺通照大師碑 安童書贍思文 至正六年八月 直隸正定

碑陰 正書 鈔主 直隸正定

龍興寺住持佛光宏教大師碑 咸茂氏安童書贍思文 至正六年八月 直隸正定

直隸正定

碑陰 正書 宗緒記 直隸正定

趙國清獻公董士珍神道碑 張起巖書 歐陽元文 至正七年二月朔 直隸藁城

隴西靖獻公董守中墓碑 子鑰八分書 無年月 直隸藁城

封崇寺圓明了性大師行業碑 張濤書 董珪文 至正七年四月 直隸行唐

旌忠廟記 正書 至正七年 浙江山陰

朱守諒秋夜偶成詩 正書 至正七年 湖南黔陽

偰世玉蒙巖詞 正書 至正八年 湖南宜章

少林寺詩 正書 至正八年 河南登封

昭勇大將軍

貢師泰去思碑 正書 至正八年 浙江山陰

趙叔遜去思碑 正書 至正八年 浙江山陰

隴西武獻侯董士表神道碑 揭傒斯文并書 至正八年九月

直隸藁城

武獻侯董士表墓碑 第士廉書 無年月 直隸藁城

隴西昭懿侯董守義神道碑 王守誠書 虞集文 至正八年九月

直隸藁城

昭懿侯董守義墓碑 正書 無年月 直隸藁城

冀國忠肅公董守簡神道碑 蘇天爵書 虞集文 至正八年十一月

直隸藁城

奉議大夫[redacted]碑 正書 無年月（吉州知州董公墓） 直隸藁城

周從進等朝陽巖題名 正書 至正九年 湖南零陵

洙泗書院四字 孔克欽書 至正十年 山東曲阜

重陽宮聖旨 正書 至正十一年 陝西盩厔

脩韓太保墓記 正書 趙栝文 至正十二年七月十五日 直隸靈壽

宣聖廟繪塑記 趙庸中書 楊俊民文 至正十二年六月 直隸藁城

汝南郡伯齊守忠墓碑 韓華中書 至正十二年九月 直隸晉州

杜瑛碑 正書 至正十三年 河南安陽

太白酒樓記 正書 至正十三年 山東濟甯

秦王夫人施長生錢記 王訪文并書 至正十四年三月 直隸正定

浩家訓 正書 至正十四年 山東歷城

逸何體仁墓碣銘 符思東書 薛泰文 至正十五年四月五日 直隸無極

將軍元帥何瑨墓碑 正書 無年月 直隸無極

敦武校尉何伯川墓碑 武從□書 至正十五年四月五日 直隸無極

直隸無極

之

仕郎何淵墓碑 正書 無年月 直隸無極

平章董士選墓碑 楊俊民書 至正十口年四月 直隸藁城

夫董守慤墓碑 楊俊民書 至正十口年四月 直隸藁城

題淮陰侯廟詩 李擴書 至正十五年六月十五日 直隸獲鹿

董公墓碑 趙興宗書 至正十六年三月 直隸藁城

公墓殘碑 張璪書 無年月 直隸藁城

侯墓碑 篆書 無年月 直隸藁城

[illegible]邵堯夫題淮陰侯廟詩 高健書 至正十六年六月 直隸獲鹿

重脩亞嶽廟碑 任□書李中文 至正十六年十月 直隸井陘

重脩鹿泉神應廟碑 丁士常書王得義文 至正十七年二月 直隸獲鹿

〃〃云 正書 刻至正十五年四月丁巳朔廿一日丁丑輿魯祭文 直隸獲鹿

、廟學記 李中書楊俊民文 至正十七年六月廿日 直隸井陘

聖廟塑像記 王恪書楊俊民文 至正十七年八月 直隸正定

集德潤勅 正書 至正十八年 陝西盩厔

光禪寺碑 楊誌書危素文 至正十八年 朝鮮林川

、大長公主正陵碑 正書李穡文 至正二十五年二月 朝鮮開城

、慧塔記 至正三十一年 正書　河南汝州
忠武王祠記 至正三十五年 正書　陝西宜川
蒲速真繪造象 正書 ○○○　浙江錢塘
量壽院記 正書 ○○○　江蘇吳縣
寺端公終身錢記殘石 正書 ○○○　直隸元氏
大藏經碑記 正書 ○○○　直隸元氏
無錫州造専文 正書 ○○○　江蘇松江 沈氏拓本
松巒二大字 行書 ○○○ 在花園奥石壁下　浙江會稽
朱裴中秋懷友詩 正書 ○○○　陝西鳳翔

二行移後

…文齋

秦

佐弋瓦 篆書
據秦本紀佐弋竭定為秦瓦
浙江海甯
蔣氏家藏

衛字瓦范 篆書丨陰文
鑄金有范埏埴造瓦舊無稱今依通俗文
規模為范義作范范
江蘇上海
趙氏家藏

湖文齋

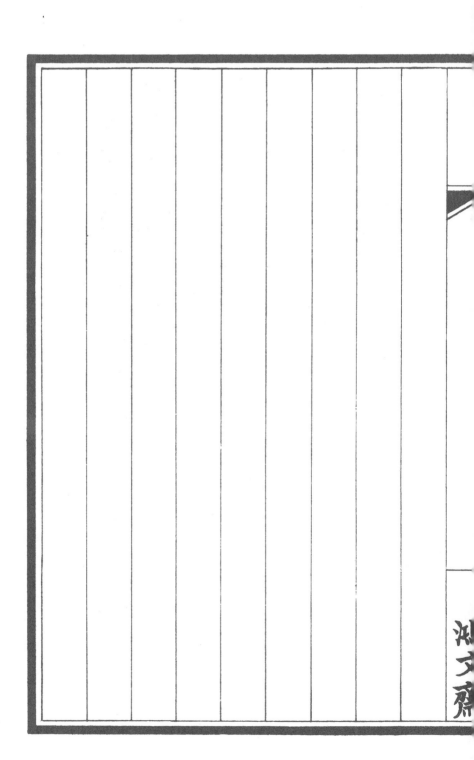

漢

羣臣上壽刻石篆書 趙廿二年八月丙寅致為西漢文帝後元六年 劉寬夫太守 直隸永年

君子館專文八分書 景武間 直隸肅寧

建元專文篆書 建元二年 江南松江沈氏拓本

元鼎專文篆書 元鼎建元 浙江會稽趙氏拓本

甘泉山元鳳刻石殘字篆書 之譌按是刻舊惟翁覃谿學士攷為昭宣之間同治二年始從大興劉子重銓福藏本審定横石有元鳳字詳雙鉤漢刻十種 江蘇江都

巴州民揚量買山記 八分書 地節二年石歸浙江平湖吴氏 四川巴縣

五鳳專文 篆書 五鳳二年十月廿二日 浙江海甯

甘露專文 八分書 甘露二年 江蘇松江沈氏拓本

上虞王元方專文 八分書 黄龍元年八月十五日 浙江山陰沈氏家藏

竟甯專文 篆書 竟甯元年 浙江會稽趙氏拓本

永始殘瓦 篆書 永始四年 湖南長沙

莱子侯刻石 八分書 始建國天鳳三年二月 山東鄒縣

建武殘玉刻字 篆書 建武 江蘇松江沈氏拓本

戚伯著碑 年月[illegible]
[illegible]
補入[illegible]

建武殘玉刻字 [illegible]書 建武三年 江蘇江都汪氏家藏

侍御史李業闕 八分書 四川梓潼

三老諱字忌日記 八分書 無年月以記中忌日皆在建武年 浙江餘姚

坿 建武末 山西太谷溫氏藏本

大吉買山地記 八分書 建初六年 浙江會稽

南武陽平邑皇聖卿闕畫像題字 八分書 元和三年八月 山東沂州

南武陽功曹卿嗇夫鄉文學掾平邑君郎闕畫像題字 八分書 章和元年二月十六日 兩闕凡十石又蘇杜僅二石 山東沂州

永元食堂記 八分書 永元八年二月十日 山東魚臺

孝堂山食堂畫像題字 八分書 永建五年 山東濟甯

沙南侯碑 八分書 永和五年六月十五日 甲辰 新疆宜禾縣

壽貴里文叔陽食堂畫像題字 八分書 建康元年八月十九日丁未 [illegible] 山東魚臺

三公山神碑 八分書 □初元年二月八日 海豐吳子苾閣學攷為本初元年 直隸元氏

碑陰 三公山神 八分書 直隸元氏

上余專文 八分書 建和元年五月 安徽桐城吳氏家藏

沛相楊統碑 [illegible]
高陽令楊著碑 建甯元年

右扶風丞李禹表 八分書 永壽元年 陝西褒城

延熹專文 八分書 延熹二年 江蘇松江沈氏拓本

封龍山頌 八分書 延熹七年 直隸元氏

沇州刺史楊叔恭殘碑 八分書 建甯四年七月六日甲子 山東鉅野

楊叔恭殘碑陰 八分書 山東鉅野

楊叔恭殘碑側 八分書 山東鉅野

吹角壩摩崖 八分書 建安六年二月廿二日 [illegible]碑為遵義鄭[illegible]

[illegible]所得辨為建安七年盧豐碑今審拓本
[illegible]新覩其年且碑首明是六年似[illegible]

太尉[illegible]繁陽令楊君碑 熹平五年三月

建安瓦文 八分書 建安十五年

文輿地碑目錄为
四川綦工

吹角壩摩崖
浙江平湖
朱氏家藏

破張郃銘 八分書 [redacted]
事在建安二十年 [redacted] 謙按此銘文字皆失
古法當是偽作
四川渠縣

益州太守高頤碑 八分書 建安十四年
四川雅安

益州太守武陰令上計吏高頤東闕 舉孝廉 諸部從事 八分書
四川雅安

四川雅安

益州太守陰平都尉武陽令北府丞舉孝廉高頤西
闕 八分書
四川雅安

謁者北屯司馬沈君神道右闕 [redacted] 八分書
四川渠縣

新豐令交阯都尉沈君神道右闕 八分書 —— 四川渠縣

尚書侍郎河南京令豫州幽州刺史馮煥神道闕 八分書 —— 四川渠縣

益州[redacted]（牧）楊宗墓闕 八分書 —— 四川夾江

石盧邯刻石 無年月 八分書 —— 山東鄒縣

李君石闕 八分書 徐閶蘆[redacted]疑卷李鏊石刻 —— 江蘇吳江 王氏藏本

四老神坐[redacted]（神祚）机題字 八分書 —— 江蘇金匱 錢氏摹重

司農公碑額 篆書 —— 湖北黃陂 葉氏藏本

中牟魯君魏公闕 八分書 —— 湖北漢陽 葉氏藏本

此必爲誌蓋

張君碑額 篆書

汝南周君碑額篆書 疑非漢刻

司徒殘碑 八分書 疑非漢刻

雒陽長史殘石 八分書 疑非漢刻

丰氏 篆書 文作丰與前錄所載丰字㫐異

𠀁字專文 八分書 劉子重得于鉤弋祠故址

千秋萬歲長樂未央方專文 篆書

未央方專文 篆書 年月

高唐（州）殘碑 八分書 [redacted] 碑文五行可辨者十一字

我以爲觀𠙶方明之遺

𠙶方 搨如此

吉祥吉文一（第二字未詳）尚方鏡范 篆書

吉祥吉文二 信五仆補

未發壬戌 長沙人掘地得之（印）

江蘇吳江
王氏拓本
湖北漢陽
葉氏家藏
直隸大興
翁氏重摹
浙江仁和
韓氏拓本
直隸大興
劉氏家藏
直隸大興
劉氏家藏
安徽歙縣
項氏家藏
浙江仁和
徐氏家藏
山東濟南
山西安邑
宋氏家藏

高句驪故城刻字二種 正書 皆己丑三月廿一日 宋元嘉二十六年 高麗平壤

龍驤將軍護鎮蠻校尉寧州刺史邛都縣侯爨龍顏碑 正書 大明二年戊戌九月壬子朔 爨道慶文 雲南陸涼

爨龍顏碑陰 正書 雲南陸涼

太元專文 八分書 太元十五年 江蘇松江沈氏拓本

振威將軍建甯太守爨寶子碑 八分書 大亨四年四月 按大亨無四年 安帝年號 鄧氏跋頗題爲

碑文首至不書碑東璧遡

雲南南甯

爨寶子碑陰 八分書 雲南南甯

義熙建文 義熙二年

曾文築孝廉專文 無年月 松江沈 浙江甯波

大吉千秋專文 無年月 山東掖縣

蜀中書買公闕 八分書 闕左有宋人跋致爲賈夜宇李雄拜爲行西將□□□部尚書故捐東晉末 四川梓潼

鳥文齋

吳

太平專文 八分書 太平元年 浙江山陰沈氏家藏

赤烏專文 八分書 赤烏二年三月 浙江會稽

赤烏專文 八分書 赤烏六年 江蘇松江沈氏拓本

蕭二將祠堂記 正書 太元閒濮陽興立按此乃僞作 浙江上虞

太平專文 八分書 太平元年 浙江山陰沈氏家藏

天紀專文 八分書 天紀二年 浙江會稽趙氏家藏

湖文齋

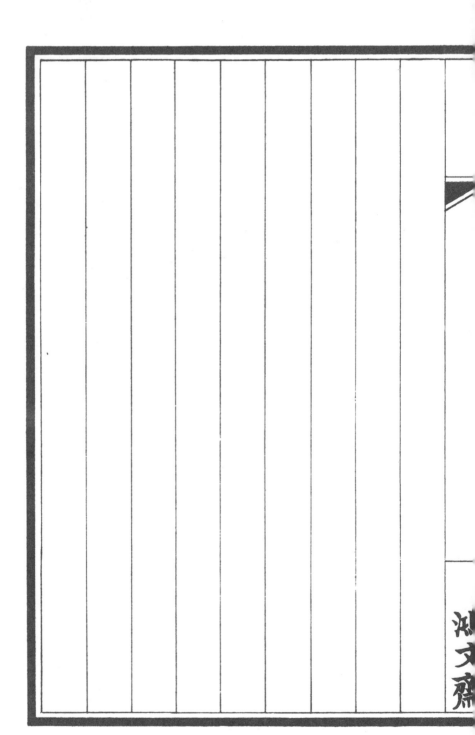

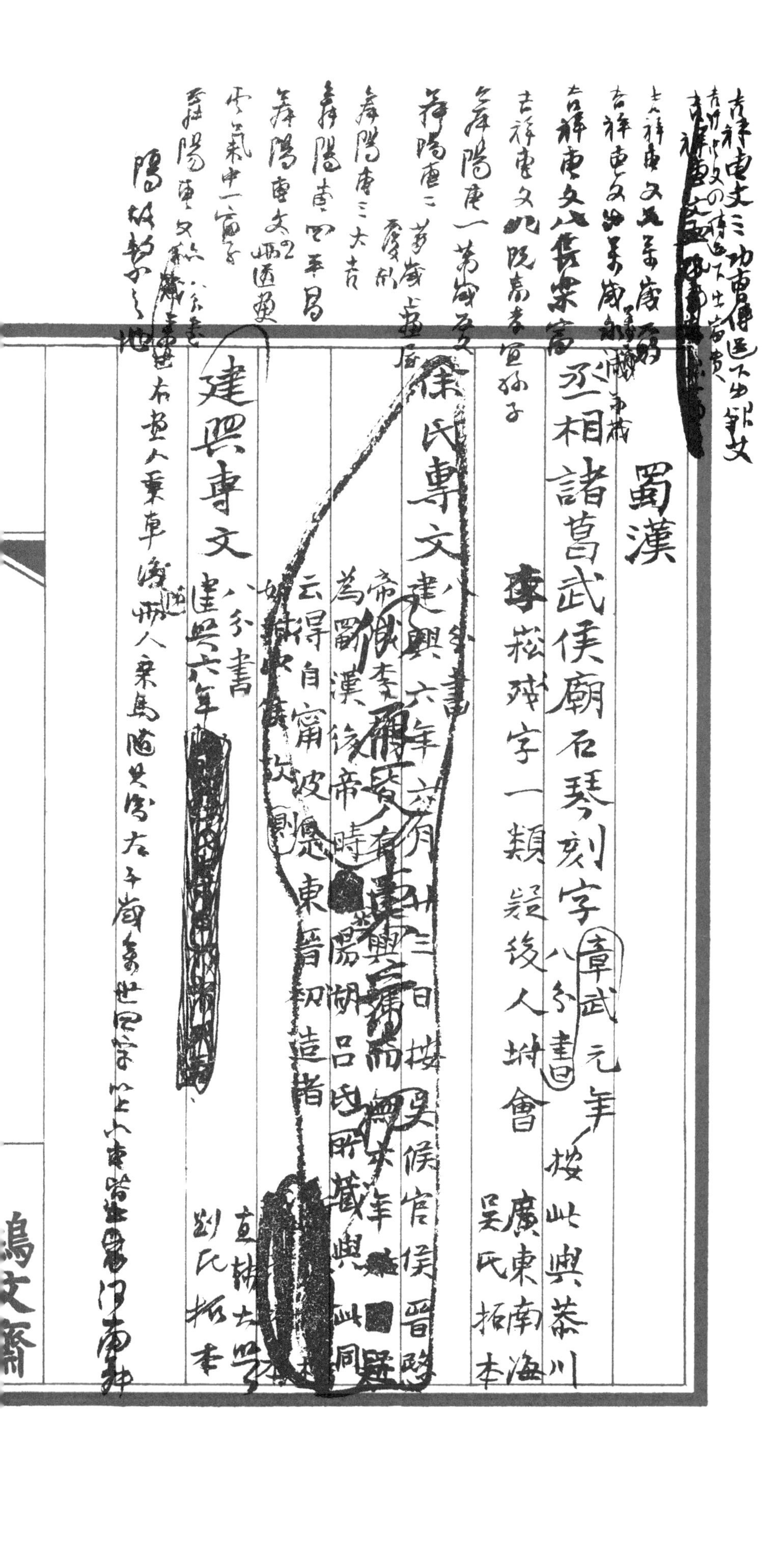

蜀漢

丞相諸葛武侯廟石琴刻字 章武元年 八分書 按此與蔡川李崧殘字一類疑後人坿會 廣東南海吳氏拓本

侯氏專文 建興六年六月廿三日 八分書 按吳侯官侯晉[illegible]帝[illegible]為劉漢後帝時[illegible]湖州呂氏所藏與此同云得自甯波是東晉初造者

建興專文 建興六年 八分書 劉氏拓本

鳩文齋

魏

孫二娘等題名 八分書 黃初元年三月十九日 江蘇吳江王氏拓本

王五娘等題名 八分書 黃初元年三月廿六日 江蘇吳江王氏拓本

大將軍曹真殘碑 八分書 徐星伯太守松攷為太和間 陝西長安

曹真殘碑陰 陝西長安

濟陰陳祚墓記 八分書 青龍二年 河南許州

武勇掾樂安肥範墓記 八分書 二年八月廿 又

後殿屬曹弟口梁国張興口 八分 二年六月廿一日 又

高陽北執城部巨 八分書 八月三日 [illegible] 又

此陸年卅三張共肥卅五部九与前所録三老思日記相似
光緒廿六年河南大旱許如氏穿井獲之（在與郡北郊諸福寺）
芳都其一

晉

明威將軍郛休碑 八分書 泰始六年二月

郛休碑陰 八分書

陳黑專文 篆書 泰始十年 浙江山陰沈氏家藏

咸寗專文 八分書 咸寗四年 山東黃縣

上元王專文 八分書 太康元年 江蘇松江沈氏拓本

番公行專文 八分書 太康元年 江蘇松江沈氏拓本

太康專文 篆書 太康元年道光庚戌得于梅山 浙江會稽趙氏家藏

山陰專文 八分書 凡三種 一太康四年癸卯七月 一四年八月 一五

年七月五日　江蘇陽湖呂氏家藏

張異專文　八分書　太康七年　江蘇陽湖呂氏家藏

葛作專文　八分書　太康七八年按紀年連書者北齊馮暉賓造冢見之此更在前　江蘇陽湖呂氏家藏

蜀師專文　八分書　太康三年七月廿日　江蘇松江沈氏家藏

蜀師專文　八分書　江蘇儀徵阮氏家藏

高平檀君專文　八分書　太康八年二月七日　山東

馬皋麋專文　八分書　太康□年　山東

褚孝漢專文　八分書　太康八年　山東

太歲在申專文 八分書 太康九年二月十七日 江蘇陽湖呂氏家藏

鳳作專文 八分書 太康九年七月五日 江蘇陽湖呂氏家藏

鳳形專文 八分書 太康九年八月十日 江蘇陽湖呂氏家藏

湯氏葬專文 八分書 太康九年八月 江蘇陽湖呂氏家藏

鮀宅山鳳皇畫像題名 八分書 元康三月七日 凡三石 山東沂州

談孝廉專文 八分書 元康元年 江蘇陽湖呂氏家藏

元康專文 八分書 元康二年十二月 江蘇陽湖呂氏家藏

逢將軍專文 八分書 元康口口九月 山東

其年建辰專文 八分書 元康六年六月廿日 安徽桐城吳氏家藏

沛國相周承專
年殘字 八分書 永嘉四年
三月廿日
吳興陸氏

傳家專文 八分書 元康八年戊午八月十日 安徽桐城 吳氏拓本

黃平專文 八分書 元康八年 江蘇陽湖 呂氏家藏

永甯專文 八分書 永甯元年 江蘇陽湖 呂氏家藏

永甯專文 八分書 永甯元年六月 浙江杭州 許氏家藏

膠東令王君專文 八分書 永嘉二年八月 山東

永嘉專文 八分書 永嘉二年 江蘇松江 沈氏拓本

永嘉專文 八分書 永嘉八年 江蘇松江 沈氏拓本

子孫百年專文 八分書 永嘉六年 江蘇松江 沈氏拓本

子孫君侯專文 八分書 永嘉七年 江蘇松江 沈氏拓本

盧恕專文　建興二年十月　八分書　江蘇陽湖呂氏家藏

建興專文　建興　八分書　江蘇陽湖呂氏家藏

皆封侯位專文　建興二年甲戌　八分書　江蘇松江沈氏拓本

鄧周行思專文　建興四年八月　八分書　浙江甯波

咸和專文　咸和二年丁亥　八分書　江蘇松江沈氏拓本

咸康專文　咸康三年　八分書　江蘇陽湖呂氏家藏

咸康專文　咸康三年八月廿日　八分書　江蘇陽湖呂氏家藏

咸康專文　咸康四年　八分書　浙江海甯許氏家藏

咸康專文　咸康五年　八分書　江蘇陽湖呂氏家藏

故民專文 八分書 建元二年七月八日 浙江海鹽 朱氏家藏

永和專文 八分書 永和二年 江蘇陽湖 呂氏家藏

永和專文 八分書 永和五年 江蘇陽湖 呂氏家藏

永和專文 八分書 永和[illegible]年 江蘇陽湖 呂氏家藏

莫龍編專文 八分書 永和六年庚戌 江蘇陽湖 呂氏家藏

大吉詳宜子孫專文 八分書 永和五年 江蘇松江 沈氏栢本

永和專文 八分書 永和九年 江蘇陽湖 呂氏家藏

永字專文 八分書 永和十一年七月十三日專背大永字正書陰文咸豐戊午得于梅里[redacted]浙江會稽 歐矣琢為研[redacted]趙氏家藏

此行須掉轉

永和專文 八分書 永和九年 江蘇陽湖呂氏家藏

晉時年專文 八分書 □和十一年七月側晉時年三字蓋別於漢永和也 江蘇松江沈氏拓本

永字專文 八分書 永和十一年七月十三日專背大永字徑四寸正書咸豐戊午得于梅里尖琢為研 浙江會稽趙氏家藏

永和右軍專文 正書 無年月 江蘇上元甘氏家藏

宋鄮子專文 正書陰文 永和年出淨土寺二十八宿井中鴨字始見于此 浙江臨海

升平專文 八分書 升平二年 江蘇松江沈氏拓本

周遲專文 八分書 隆和元年八月十八日 江蘇陽湖呂氏家藏

興甯專文 八分書 興甯二年八月 江蘇陽湖呂氏家藏

黃氏專文三種 八分書 一泰和元年一三年戊辰七月一六年辛未 江蘇陽湖呂氏家藏

咸安升平兩紀年專文 八分書 咸安元年側書升平五年四月□□日疑舊范重製者得於河山 浙江會稽趙氏家藏

錢師專文二種 八分書 一甯康元年一二年甲戌 浙江海甯許氏家藏

一尺五寸專文 八分書 甯康二年七月 浙江海甯許氏家藏

嚴君墓專文 八分書 太元二年 江蘇松江沈氏拓本

出版後記

趙之謙（一八二九—一八八四），會稽（今浙江紹興）人。初字益甫，號冷君，後改字撝叔，號鐵三、憨寮，又號悲庵、無悶、梅庵等，齋號二金蝶堂、苦兼室。官至江西鄱陽、奉新知縣。工詩文，擅書法，初學顔真卿，篆隸法鄧石如，後自成一格，奇倔雄强，别出時俗。善繪畫，花卉學石濤而有所變化，為清末寫意花卉之開山。篆刻初學浙派，繼法秦、漢璽印，復參宋、元及皖派，博取秦詔、漢鏡、泉幣、漢銘文和碑版文字等入印，一掃舊習，所作蒼秀雄渾，自成一家。著有《補寰宇訪碑録》等，所作印有《二金蝶堂印譜》，並自校編刻《仰視千七百二十九鶴齋叢書》。

《補寰宇訪碑録》五卷，收録碑刻起自秦、漢，迄於元代，係仿孫星衍《寰宇訪碑録》體例而作，所録碑刻按年代排列，每種下註明書體、年月、所在地或拓本藏處。在撰《補寰宇訪碑録》時，趙之謙大量收集碑刻資料，眼界大開的同時也對北碑進行了大量的臨習，從《瘞鶴銘》《張猛龍碑》《雲峰山刻石》等取法甚多。

此次出版以民國年間影印本為底本，為讀者瞭解認知趙之謙金石學成就及書法藝術提供參考。

藝文類聚金石書畫館

二〇一六年十月

圖書在版編目(CIP)數據

趙之謙補寰宇訪碑録 / (清) 趙之謙著. -- 杭州 : 浙江人民美術出版社, 2016.12
ISBN 978-7-5340-5033-6

Ⅰ. ①趙… Ⅱ. ①趙… Ⅲ. ①石刻—中國—清代—目録 Ⅳ. ①K877.401

中國版本圖書館CIP資料核字(2016)第148728號

責任編輯　屈篤仕　楊　晶
封面設計　傅笛揚
責任印製　陳柏榮

趙之謙補寰宇訪碑録
〔清〕趙之謙　著

出版發行　浙江人民美術出版社
（杭州市體育場路347號）
網　　址　http://mss.zjcb.com
經　　銷　全國各地新華書店
製　　版　浙江新華圖文製作有限公司
印　　刷　浙江海虹彩色印務有限公司
版　　次　2016年12月第1版・第1次印刷
開　　本　787mm×1092mm　1/16
印　　張　14
書　　號　ISBN978-7-5340-5033-6
定　　價　68.00圓